对话语篇中的情感意义
——情感意义与语境变量的系统配置研究

Affect in Dialogues: A Study of the Systemic Configuration between Affect and Contextual Variables

王瑛宇 著

内 容 简 介

本书研究对话语篇中的情感意义与其语境变量之间的系统配置关系。通过描写、分析13个汉语情感词在现代汉语言情小说语料库中的使用方式，本书回答了两个基本问题：一、情感意义与其语境变量之间具有怎样的关系，它们之间如何配置？二、情感意义与语境变量之间的配置方式能够体现哪些人际功能，能否为相关人际功能提供合理、有效的解释？本书首次提出情感意义与语境变量的配置系统，深化了系统功能语言学领域语义-语境系统的界面关系研究；区分了表层评价和互动性评价，为情感意义范畴的识别提供了有效路径。

版权专有　侵权必究

图书在版编目（CIP）数据

对话语篇中的情感意义：情感意义与语境变量的系统配置研究 / 王瑛宇著. --北京：北京理工大学出版社，2022.5

ISBN 978-7-5763-1247-8

Ⅰ. ①对… Ⅱ. ①王… Ⅲ. ①汉语-语言学 Ⅳ. ①H1

中国版本图书馆CIP数据核字（2022）第061080号

出版发行 /	北京理工大学出版社有限责任公司
社　　址 /	北京市海淀区中关村南大街5号
邮　　编 /	100081
电　　话 /	（010）68914775（总编室）
	（010）82562903（教材售后服务热线）
	（010）68944723（其他图书服务热线）
网　　址 /	http://www.bitpress.com.cn
经　　销 /	全国各地新华书店
印　　刷 /	三河市华骏印务包装有限公司
开　　本 /	710毫米×1000毫米　1/16
印　　张 /	11.25
字　　数 /	215千字
版　　次 /	2022年5月第1版　2022年5月第1次印刷
定　　价 /	88.00元

责任编辑 /	李慧智
文案编辑 /	李慧智
责任校对 /	周瑞红
责任印制 /	施胜娟

图书出现印装质量问题，请拨打售后服务热线，本社负责调换

前　　言

　　情感意义是语言的一种基本意义，它是语言中反映言者对于他人或者话语内容的情感和态度的意义。语言学领域的情感意义研究在总体上可以分为两个视角：体验视角和人际视角。本书属于从人际视角出发的情感意义研究。当前从人际视角进行的情感意义研究主要存在以下几个问题：其一，大部分研究只关注体现情感意义的语言成分本身，而很少考虑对其具有驱动作用的情感意义变量；其二，现有研究对情感意义与其所发挥的人际功能之间的关系解释不充分；其三，情感意义范畴的识别缺少具有可操作性的标准。

　　本书是以系统功能语言学为基础的情感意义研究，所以我们所研究的情感意义是指那些表面上指称体验者的情感状态，而在更深刻的层次上表达言者对于交际事件所涉及的事物、事件或参与者的观点和态度的意义。这些意义被 Martin 和 White（2005）纳入了评价系统中的态度子系统。评价系统是以词汇体现为主的人际意义系统，所以本书选择将情感词作为研究的切入点。本研究所涉及的语境变量专门指一组由系统功能语言学家提出的，能够反映情感意义的语境特征的变量，具体包括情感的体验者、触发物和情感行为。本书的基本研究议题是在对话语篇中情感意义与其语境变量之间如何进行系统配置。这个基本的研究议题具体包含两个子问题：①情感意义与其语境变量之间具有怎样的关系，它们之间如何配置？②情感意义与语境变量之间的配置方式能够体现哪些人际功能，能否为相关人际功能提供合理、有效的解释？对上述问题的回答有助于弥补当前情感意义研究中的不足。

　　本书的总体思路是：首先建构以评价系统为基础的情感意义与语境变量的配置系统，然后描述和阐释由该系统所派生的各种配置方式在真实语篇中的应用情况。本研究对语料有两个要求：第一，语料中应该基本涵盖现代汉语中基本的情感词汇，并且具有较高的使用频率；第二，上述情感词要出现在对话语篇中。在对比了多个语料来源之后，我们最终确定以当代女作家琼瑶的 60 部言情小说为语料建立一个言情小说个案的语料库，该语料库的总规模达到 770 万字。代表性情感词的选择在本研究的初始阶段具有至关重要的意义。汉语中的情感词多达 1 505 个（宋成方，2012），现阶段我们还无法对其进行逐个研究。可行的方法是从庞大的情感词库中选择最典型、最常用的情感词代表，进行以点带面的研究。本研究采取 3 个步骤来确定情感词代表：词表选择、频次检索以及语义筛选。经过这 3 个步骤，本书最终确定了 13 个情感词，它们代表了对话语篇中 13 种最常见的情感意义。之后，我们通过随机抽样的方式将这些情感词在语料库中的实例组成一个小型语料库，称为"样本库"。样本库中包含情感词实例1 687个，总字数超过30余万。我们对每个实例进行了手工标注。标注的项目包括情感词的相关语境变量、情感词在态度系统中的所属范畴以及情感词所在话步中的人际功能。

本书从两个方面描写和阐释情感意义与语境变量的配置方式在真实语篇中的应用：一方面用量化研究结果展现每种配置方式的影响范围，另一方面重点对各种配置方式发挥相应人际功能的基本原理进行深度解释。

本书的主要发现如下：

第一，情感意义在对话语篇中能够发挥各种人际功能的主要原因是情感意义与其语境变量的配置使情感意义实现了从表层评价向互动性评价的转化，因为只有互动性评价才能对交际事件产生影响。

第二，情感意义从表层评价向互动性评价转化需要满足两个条件：①情感意义与互动性评价层次的责任者建立关联；②情感意义与其语境变量之间具有恰当的关系。第一个条件是情感意义发挥人际功能的前提条件，第二个条件使情感意义能够满足人际功能对互动性评价对象的价值期盼。情感意义与语境变量的配置系统解释了上述两个条件得以满足的方式。该系统包含两个子系统：共鸣类型系统和成分关系系统。根据共鸣类型系统，情感意义可以通过3种方式与互动性评价层次的责任者建立关联，它们分别被称为体验者共鸣、触发物共鸣和行为共鸣。根据模型关系系统，情感意义可以通过3种方式来满足人际功能对互动性层次评价对象的价值期盼，它们分别是模型关系建构、模型关系消解以及模型成分失调。共鸣类型系统和模型关系系统之间具有合取关系，它们能够派生出9种基本的配置方式。这9种配置方式能够为本书所涉及的8种人际功能的绝大部分实例提供合理的解释。

第三，当情感词在不同的评价层次发挥评价功能的时候，相应的评价对象和评价范畴都可能不同。在表层评价层次上，情感词的评价对象是它的体验者对触发物的情感反应，这时情感词总是体现情感范畴的意义；但是在互动性评价层次上，情感词的评价对象是责任参与者的行为或品格等，这时情感词经常体现判断范畴的意义，少数情况下也体现情感范畴和鉴赏范畴的意义。

第四，根据情感意义与语境变量的配置系统，我们总结出各种互动性评价层次的评价范畴所对应的典型的人际功能类型、情感词以及相应的配置方式。

本书的研究意义主要体现在以下3个方面：第一，本书通过将语境变量引入人际意义的理论框架，为情感意义在语篇中所体现的人际功能提供了更为合理的解释；第二，对表层评价层次和互动性评价层次的区分能够在一定程度上解决情感意义范畴识别上的争议；第三，本书提出的理论框架对语篇分析实践具有一定的指导意义。

目　　录

第1章　绪论 ··· 1

  1.1　研究动机 ·· 1

  1.2　研究范围 ·· 9

    1.2.1　情感意义 ·· 9

    1.2.2　语境变量 ·· 10

    1.2.3　人际功能 ·· 10

  1.3　研究问题 ·· 11

  1.4　研究方法 ·· 12

    1.4.1　语料库的创建和加工 ·································· 12

    1.4.2　情感词代表的确定以及对话实例的抽样方法 ·············· 13

  1.5　研究意义 ·· 16

  1.6　本书的结构 ·· 17

第2章　文献综述 ··· 19

  2.1　情感意义研究 ·· 19

    2.1.1　语义视角 ·· 19

    2.1.2　语法视角 ·· 24

    2.1.3　语篇视角 ·· 25

  2.2　情感意义变量研究 ·· 38

    2.2.1　情感意义变量的提出 ·································· 38

    2.2.2　情感意义变量在语篇分析中的应用 ······················ 41

  2.3　当前研究中存在的问题 ···································· 43

  2.4　小结 ·· 44

第3章　理论框架 ··· 45

  3.1　理论背景 ·· 45

    3.1.1　态度系统 ·· 45

    3.1.2　关键概念 ·· 49

  3.2　情感意义基于语境变量的系统配置原理 ······················ 59

       3.2.1 对话语篇中的互动性评价 ································ 59
       3.2.2 表层评价向互动性评价转化的方式 ···················· 65
   3.3 系统的提出及意义 ··· 73
   3.4 小结 ··· 75

第 4 章 体验者取向的配置方式 ··· 76
   4.1 体验者-建构式配置 ··· 76
       4.1.1 积极情感词的体验者-建构式配置 ······················ 77
       4.1.2 消极情感词的体验者-建构式配置 ······················ 81
       4.1.3 和谐关系配置 ·· 85
   4.2 体验者-解除式配置 ··· 87
       4.2.1 积极情感词的体验者-解除式配置 ······················ 87
       4.2.2 消极情感词的体验者-解除式配置 ······················ 90
   4.3 体验者-失调式配置 ··· 95
       4.3.1 体验者-触发物失调式配置 ····························· 96
       4.3.2 体验者-情感行为失调式配置 ··························· 100
   4.4 小结 ··· 103

第 5 章 触发物取向的配置方式 ··· 104
   5.1 触发物-建构式配置 ··· 104
       5.1.1 积极情感词的触发物-建构式配置 ······················ 105
       5.1.2 消极情感词的触发物-建构式配置 ······················ 107
   5.2 触发物-解除式配置 ··· 117
       5.2.1 积极情感词的触发物-解除式配置 ······················ 118
       5.2.2 消极情感词的触发物-解除式配置 ······················ 124
   5.3 触发物-失调式配置 ··· 127
       5.3.1 积极情感词的触发物-失调式配置 ······················ 128
       5.3.2 消极情感词的触发物-失调式配置 ······················ 130
   5.4 小结 ··· 131

第 6 章 行为取向的配置方式 ··· 132
   6.1 行为-建构式配置 ··· 132
       6.1.1 要求 ·· 133
       6.1.2 道歉（2）··· 135
       6.1.3 安慰（2）··· 136
   6.2 行为-解除式配置 ··· 138

  6.2.1 要求 ··· 139
  6.2.2 安慰（2）··· 141
 6.3 行为-失调式配置 ·· 143
  6.3.1 情感行为-失调式配置 ·· 143
  6.3.2 反馈行为-失调式配置 ·· 146
 6.4 小结 ·· 148

第 7 章 结论 ·· 149
 7.1 研究回顾 ·· 149
 7.2 主要贡献 ·· 150
 7.3 问题与展望 ··· 151

参考文献 ··· 153

附录 1 各类互动性评价范畴所对应的典型的人际功能、情感词以及配置
   方式 ·· 163

附录 2 情感词表及情感词的分类 ··· 165

附录 3 各类情感词在自建言情小说语料库中的检索情况 ··················· 167

致谢 ··· 169

第1章 绪 论

本书以系统功能语言学中的评价系统为基础,以评价层次性的思想为指导,探索情感意义(affect)与其相关语境变量(contextual variables)在对话语篇中的配置方式。本章的主要任务是:介绍研究动机,界定研究范围,提出研究问题,阐述研究方法和意义,并介绍本书的结构。

1.1 研究动机

情感意义是语言的一种基本意义,它是语言中反映言者对他人或话语内容的情感和态度的意义(Leech,1981)。语言学领域的情感意义研究起源于修辞学。早在两千多年以前,西方修辞学的创始人亚里士多德(Aristotle)就开始正式在学术领域探索情感的功能。他提出的"情感诉求"(pathos)说服模式开创了从人际视角研究情感的先河。遗憾的是,中世纪以来二元论思想在西方学术界长期居于统治地位。在这种思想的影响下,情感与理性被置于完全对立的关系中。与理性相比,情感被认为是"低级的""杂乱的",甚至是"危险的"(Bednarek,2008)[2-3],当然也就不值得研究。情感与理性的对立关系在笛卡儿时期发展到了巅峰,它导致西方学术界的情感研究基本止步。直到20世纪初期,马蒂(Marty)的语言哲学著作问世,这种情况才有所改观(Caffi et al.,1994)。20世纪70年代以来,情感意义在语言学领域的地位迅速提高,十余个语言学科从各自的视角展开了情感意义的研究(Bednarek,2008)。我们可以将这些研究大体上分为两类:

一类研究以认知语言学、心理语言学、语言类型学为代表,它们关注表达情感的语言与人们的情感体验之间的关系。这些学科研究情感意义的目的是研究人脑关于情感的概念及其结构。我们将这类研究称为体验视角的情感意义研究。

另一类研究以会话分析、语用学、人类学以及系统功能语言学为代表,它们关注情感意义的人际功能。这些学科研究情感的目的是探索表达和谈论情感的语言怎样影响社会交际。我们将这类研究称为人际视角的情感意义研究。

从这个意义上讲,本书属于后者。迄今,研究者已经从语义、语法和语篇等多个角度对情感意义的人际功能进行了深入探索。这些研究主要涉及两个议题:一是情感意义发挥人际功能的方式,二是情感意义的体现方式。这类研究存在3

个较为明显的问题：

第一，大部分研究将关注的重点放在直接体现情感意义的语言成分本身，却忽视了与情感意义密切相关的情感意义变量。所谓情感意义变量，是指那些对情感意义的选择具有限定、描写乃至驱动作用的普遍意义或维度，比如情感意义的价值、行为、触发、等级、意向、类型等。尽管已有研究证明了情感意义变量对于语篇分析具有不容忽视的重要意义，如 Thetela（1997）、Bednarek（2008，2009c）和彭宣维（2009，2010），但是除了类型以及价值变量以外，其他情感意义变量很少为学界所关注。

第二，现有研究对情感意义与其所发挥的人际功能之间的关系解释不充分。研究者倾向于用情感意义类型在语篇中的比例和分布特征来解释它们所发挥的功能（Bednarek，2008）。这种解释方法只在言者的意图与话语表层内容相一致的情况下才是有效的，而当二者在表面上彼此偏离，而在更深层次上保持一致的情况下就无能为力了。

第三，情感意义范畴的识别缺少具有可操作性的标准。这一点尤其体现在以评价系统为指导的语篇分析中。研究者在判断某些词汇所体现的情感意义范畴时经常会遇到模棱两可的情况。这时，他们只能凭借自己作为语言使用者的直觉来进行判断，因为评价系统的创立者并提出没有明确、有效的途径来应对上述情况。

其实第二个和第三个问题的产生在很大程度上源于第一个问题，即忽视情感意义变量一方面会导致研究者无法充分解释情感意义与其人际功能的关系，另一方面也造成识别情感范畴的困难。下面我们将从系统功能语言学领域内的评价视角出发来阐述情感意义变量对于后两者的重要性。

首先，情感意义变量支配着情感意义所能发挥的人际功能。如前所述，在以评价系统为指导的语篇分析中，研究者多采用情感意义的类型及其占比、分布来解释它所发挥的人际功能。这种方法的主导地位使研究者误以为只要确定了相关语言形式所体现的情感意义范畴，它所发挥的人际功能就不言自明了。

实际上，只依靠情感意义自身的力量还不足以对听者施加影响。为了实现特定的交际意图，言者①必须学会以恰当的方式来运用情感意义。所谓"恰当的方式"是指情感意义必须与语篇中的某些密切相关的意义进行合理配置。这些密切相关的意义就是我们上文所说的各种情感意义变量。Martin 和 White（2005）提出了3个与情感意义的语境特征相关的变量：体验者（emoter）、触发物（trigger）和情感行为（behavioural surge）。由于它们都反映了情感意义的语境特征，因此本书将它们统称为情感意义的语境变量，简称语境变量。这3

---

① 语言学领域将书面语篇的生产者称为"作者"，而将对话语篇中话语的发出者称为"讲话者"，或者是"说话人"。为了行文的简洁，在不需要特别区分书面语篇与对话语篇的情况下，我们将两种语篇的生产者统称为"言者"。

个变量的具体含义如下：

体验者：情感的经历者；

触发物：引发情感的原因或情感所针对的目标；

情感行为：体验者由于具有某种情感而实施的行为。

例（1）~例（4）中都使用了情感词"高兴"。"高兴"对体现言者的意图发挥了关键性作用。因为"高兴"与语境变量的配置方式不同，所以在这4个实例中含有"高兴"的话步具有完全不同的功能。

（1）（殷超凡和芷筠是一对情侣。因为父母对待芷筠的态度，二人之间发生了争执）

她（芷筠）紧盯着他（殷超凡）："超凡！你是个混球！"一仰头，她挣脱了他的手腕，往前直冲而去。他追了过来，一把抓住她。

"芷筠！你讲不讲理！"他大声说："**好好的一个晚上，你一定要把它破坏了才高兴吗**？"①

——《秋歌》

（2）（小燕子说了一番很有道理的话，乾隆听后非常满意）

乾隆颇为惊奇，惊讶小燕子居然能说出这样一番话来："小燕子，这是谁教你的？是纪师傅吗？"

"所有的人都教过我，……因为从小，我就听说'好人有好报'这句话，所以也希望自己是个大大的好人！"

乾隆满意地颔首："这就对了。小燕子，你越来越有长进了，**朕打心眼里替你高兴**"。

——《告慰真情》

（3）（雨鹃的男友阿超说错了话遭到雨鹃的抢白。看到大家都支持自己，阿超有点得意）

阿超心情太好了，有点得意忘形，又接口了："就是嘛！其实我娶雨鹃，都是看在小三小四小五（雨鹃的弟弟妹妹）分上，他们对我太好了，舍不得他们，这才……"

雨鹃重重地咳嗽了一声："嗯哼！**别说得太高兴哟**！"

——《苍天有泪》

（4）（兆培劝妹妹宛露生个孩子让自己成熟起来，宛露拒绝了这个建议）

（兆培）"我记得，你总爱把自己比成一片云，你知道吗，云虽然又飘逸，又自由，却也是一片虚无缥缈、毫不实际的东西。你不能一辈子做一片云，该从

---

① 引文中的括号、粗体和着重号为作者所加。为了帮助读者更好地理解言者的用意，我们在（）中提供了必要的语境信息；粗体部分表示本书重点分析的具有特定人际功能的话步；着重号所凸显的部分是本书所关注的体现情感意义的语言成分。本书所引用的语料均出自当代言情小说家琼瑶的爱情小说，所以我们对语料的作者不另行注明。此外，"……"表示有省略。

天空里降下来了。宛露，生一个孩子，可以帮助你长大。"

她（宛露）也深深地凝视兆培："哥哥，你真认为一条新的生命会高兴他自己的降生吗？……"

——《我是一片云》

例（1）中的话步，"好好的一个晚上，你一定要把它破坏了才高兴吗？"对听者具有批评的作用。该话步之所以能够达到批评听者的目的是因为言者在听者的行为和"高兴"的情感之间有意建构了一种特殊的逻辑因果关系，即让言者的行为充当了引发"高兴"情感的原因，即触发物。"高兴"本身是一种积极的情感，一般情况下人们会为具有积极社会价值的"好"事而高兴。但是在例（1）中，言者却让"破坏掉一个好好的夜晚"的行为充当了听者情感的触发物。这时情感和触发物之间明显具有不和谐的关系。所以在这里，我们可以说言者有意地建构了触发物和情感之间的不和谐关系，目的是向情感体验者传递消极的评价意义，从而达到了批评听者的目的。

例（2）中的话步，"朕打心眼里替你高兴"对听者具有赞赏的功能。该话步之所以能够达到赞赏听者的目的，也是因为言者在听者的行为和"高兴"的情感之间建构了因果关系，即听者的行为是引发言者积极情感的触发物。与例（1）不同的是，例（2）中，触发物与情感之间具有和谐的关系。也就是说，在文化语境中，触发物能够合情合理地激发情感，为情感提供逻辑上的支持。所以在例（2）中，我们可以说言者有意建构了触发物和情感之间的和谐关系，目的是向情感的触发行为传递积极的评价意义，从而体现了赞赏听者的目的。

例（3）中的话步，"别说得太高兴哟！"具有阻止听者言语行为的功能。该话步之所以能够达到阻止对方行为的目的是因为言者让听者当前的行为充当了"高兴"的情感所导致的结果，也就是情感行为。在例（3）中，情感词"高兴"一方面描述了听者（阿超）的情感状态，另一方面构成了听者的情感行为"说得太高兴"的一部分。根据对例（1）的分析，当情感与触发物之间的关系不和谐的时候，会向体验情感的体验者传递消极的评价意义。但是例（3）中的情感和情感触发物之间并不存在不和谐关系，所以言者无法通过触发物和情感之间的关系向对方的行为表达消极的态度。其实，在例（3）中，真正发挥阻止功能的是情感行为和情感之间的关系。虽然情感本身是无可指责的，但是由它所引起情感行为仍然可能是不符合社会规约的，比如情感行为可能是失控的，或者是会伤害到其他人。在这种情况下，情感和情感行为之间仍然具有不和谐的关系。所以在例（3）中，我们可以说言者有意地将听者当前的行为建构成为失去控制的情感行为。情感行为与情感之间的不和谐关系向阻止的对象传递了消极的评价意义。

例（4）中，言者通过话步，"哥哥，你真认为一条新的生命会高兴他自己的降生吗?"拒绝了对方提出的建议。为了达到拒绝的目的,言者有意在对方的建议和"高兴"的情感之间建立了触发物和情感的关系。但是这个触发物能够激发积极情感的力量受到了怀疑。换句话说,在情景语境中,这个触发物极有可能是一个不称职的触发物,因为在言者看来,它没有足够的力量来引发情感。这时触发物和情感之间的关系也是不和谐的。这种不和谐的关系向拒绝的对象(听者要求言者执行的行为)传递了消极的评价态度。

上述4个实例中,情感词"高兴"的使用在以下两方面存在着系统差异:

第一,话步层次的评价对象与"高兴"的语境变量之间具有不同的关联方式。言者使用情感意义的目的是对于某个参与者(尤其是听者)相关的行为和事件表达评价性的态度,所以我们可以将这些言者想要最终评价的目标看成是情感意义在话步层次的评价对象。话步层次的评价对象必须与情感意义建立起一定的关联才能够获得情感意义配置所传递的评价性意义。从对例(1)~例(4)的分析可见,话步层次的评价对象与情感意义之间具有多种关联方式。例(1)中,话步层次的评价对象是与听者相关的行为(即芷筠在前一个话步的言语行为),该评价对象的实施者对应于体验者变量;例(2)和例(4)中,话步层次的评价对象分别是听者的行为(小燕子的表现)以及言者的行为(宛露生孩子的未然行为),它们对应于触发物变量;而例(3)中,话步层次的评价对象是听者(阿超)在前一个话步的言语行为,该评价对象对应于情感行为变量。因为语篇中的语境变量都是围绕着具体的情感意义进行取值的,我暂且将它们之间的关系表征为一个以情感意义为中心的情感配置模型,如图1-1所示。这样,上述实例中话步层次的评价对象与语境变量之间的对应关系可以进一步用情感配置模型的形式表征为图1-2(关于情感配置模型的详细介绍请参见本书的理论框架部分)。

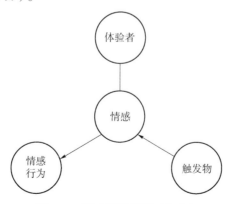

图1-1 情感配置模型(初步)

注:图中带箭头的直线所连接的两个成分之间具有因果关系。箭头所指向的

成分表示结果，箭尾所指向的成分表示原因。

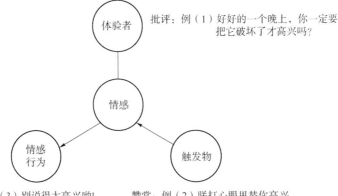

图 1-2 话步层次的评价对象与情感配置模型成分的对应关系

第二，在关于上述实例的情感配置模型中，对人际功能具有重要作用的关键性成分之间的关系也不相同。根据前面的分析，只有例（2）所对应的情感配置模型的成分之间具有和谐的关系。所谓的和谐关系是指情感配置模型中的成分之间的因果关系在文化语境中能够被广泛接受。例（1）、例（3）和例（4）所对应的情感配置模型中都有两个成分具有不和谐的关系：例（1）中的触发物"破坏一个美好的夜晚"与人们正常对"高兴"的情感所期待的触发物具有完全相反的社会价值，例（3）中的情感行为"说得太高兴"是失控的情感行为，例（4）中的触发物"让新生命诞生的行为"是一个不称职的触发物。我们用图 1-3~图 1-6 来表征上述实例所对应的情感配置模型的成分关系。

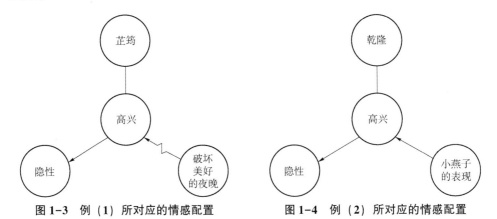

图 1-3 例（1）所对应的情感配置模型的成分关系

图 1-4 例（2）所对应的情感配置模型的成分关系

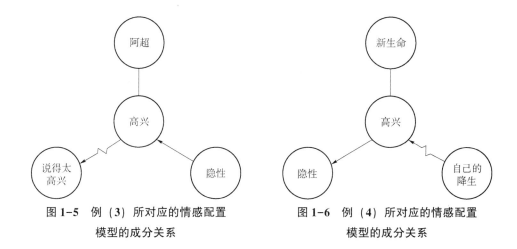

图 1-5 例（3）所对应的情感配置
模型的成分关系

图 1-6 例（4）所对应的情感配置
模型的成分关系

注：我们用直线"—"表示情感配置模型成分之间的和谐关系，用折线"⌇"表示情感配置模型成分之间的不和谐关系。

上述分析表明，语境变量在情感意义发挥人际功能的过程中具有重要的作用。即便是同一种情感意义，当它与相关语境变量具有不同的配置关系时，它所发挥的功能可能会有很大差异。情感意义能否发挥言者所期待的人际功能取决于言者在两方面的选择：第一，言者让人际功能在话步层次上的评价对象与情感配置模型中的哪个成分建立了关联；第二，言者在情感配置模型的成分之间建立了怎样的相互关系。综上所述，情感意义要想发挥特定的人际功能，需要与情景语境中的其他意义进行合理配置。配置的方式不同，取得的效果也不同。如果研究者仅仅根据情感意义的类型和数量来解释它们在语篇中的功能，那么他所获得的结论是不令人信服的。

第三，情感意义变量在互动性评价层面决定情感意义范畴的选择。评价系统在语言学领域将情感意义范畴化。这些范畴在现有情感研究中发挥着举足轻重的作用。但是在语篇分析的实践中，评价性词汇的范畴归属问题经常困扰着研究者。根据 Martin 和 White（2005）的研究，态度系统包含 3 个子范畴，它们是情感、判断和鉴赏。情感参照心理学的标准，评价体验者对事物、现象等的情感反应；判断参照伦理道德的标准，对人物的行为和品格进行评价；鉴赏参照美学的标准，对事物、过程等进行评价。上述分类标准具有高度的概括性，它们对语篇分析虽然具有宏观上的指导意义，却也经常遭到质疑。因为在语篇分析的实践中，研究者会遇到太多的模棱两可的情况。这时，他们只能凭借自己作为语言使用者的直觉来进行判断，但是缺少有效的范畴识别标准最终会影响到分析结果的可靠性。

我们仍然用例（1）~例（4）来说明这一点。根据前文提到的识别各个态度范畴的标准，我们很难判断上述实例中的情感词"高兴"究竟应该归属于情感范畴还是判断范畴。一方面上述实例中,"高兴"似乎都在评价体验者的情感状态,虽然体验者未必真的都经历着这种情感。"高兴"在例(2)、例(3)和例(4)中描述了体验者对已经发生的事,或者即将发生的事产生的情感反应。情感反应的真实性直接影响人际功能的效果。比如,在例(2)中,如果"高兴"不是言者的真实情感体验,那么"朕替你高兴"就成了一种出于礼貌的寒暄,它对听者的赞赏力度会大大地削弱。与例(2)、例(3)和例(4)不同,例(1)中的"高兴"情感似乎是言者强加给听者的,与听者的真实情感无关。但这样的说法是站不住脚的,因为也许在言者看来,听者心里的确就存在这种"幸灾乐祸"的想法。所以我们仍然可以说,言者是在对听者的情感反应进行评价。这样看来,例(1)中的情感词"高兴"也应该属于情感范畴。

但是另一方面如果将上述实例中的"高兴"都归为情感范畴,不禁会让人产生疑问:单纯评价体验者的情感反应为什么会对参与者行为和交际事件产生影响呢?在例(1)中,为什么当言者评价了听者可能存在的情感反应的时候,听者会认为相关话步是对自己的批评?而在例(2)中,为什么当言者告诉听者"朕打心眼里替你高兴"的时候,听者会将这句话理解为对自己的赞赏?对这种语言使用现象唯一合理的解释是,情感词"高兴"在语篇中还有另外一个评价层次,也就是我们前面提到的话步层次的评价。话步层次上的评价就是为了实施某个人际功能,话步整体向相关人际功能的目标所实施的评价(关于评价层次的理论依据和具体内容请参阅本书的理论框架部分)。"高兴"与相关语境变量的配置能够向话步层次的评价对象传递积极的或者是消极的评价意义。例(1)和例(2)中的情感词"高兴"表面上是在评价体验者的情感,而实际上是对话步层次上的评价对象——听者的行为进行评价。如前所述,当评价性的语言参照伦理道德的标准对人的行为和品格进行评价的时候,则该语言成分应该属于判断范畴。按照这个标准,例(1)和例(2)中的情感词"高兴"应该归属于判断范畴。同理,在例(3)和例(4)中,"高兴"与相关语境变量的配置在话步层次上的评价对象也是人物的行为,所以它们也应该属于判断范畴。

上述分析表明,评价是复杂的和多层次的。在对话语篇中,情感意义至少在两个层次上发挥着评价功能:一方面,情感意义是言者对其体验者的情感状态的评价,本书将这类评价称为表层评价层次;另一方面,情感意义与相关语境变量的配置作为一个整体评价了关于听者、言者,甚至是某个不在场的第三方的行为和事件,本书将这个评价层次称为互动性评价层次(关于表层评价层次和互动性评价层次的进一步阐述请参见本书的理论框架部分)。情感意义在两个评价层次上的评价对象以及向评价对象所传递的评价性意义都可能是不同的。

综上所述,情感意义变量对人际视角下的情感意义研究具有至关重要的作用。在情感意义的研究中引入相关的情感意义变量,可以为情感意义的人际功能提供更合理的解释,并可在一定程度上解决情感意义范畴的识别问题。

1.2 研究范围

由于各个学科研究情感意义的目的、方法不同，它们对于情感意义、情感意义变量以及人际功能的内涵和外延的理解都不相同。所以在提出研究问题之前，我们有必要首先明确这三者在本研究中的含义和范围。

1.2.1 情感意义

本书是以系统功能语言学理论为基础，本研究所涉及的情感意义是指那些表面上指称情感状态，而在更深刻的层次上表达言者对于事物的态度和观点的意义。

系统功能语言学对于情感意义的研究可以分为两个阶段。第一个阶段是从20世纪60到90年代。在这个阶段，情感意义作为能够表达态度的一类意义被纳入人际意义系统中。系统功能语言学家虽然认识到情感意义是语言发挥人际功能的一种手段，但是在人际意义的研究中对它们关注得不多。Halliday这样论述情感意义的人际功能：

"语言的人际功能包括那些较为单方的、关于个人的意义：它们用于表达态度和判断、愉悦或不愉悦以及其他的情感状态。需要注意的是，语言当然可以谈论个人及互动的状态和过程，但是在这里（人际意义领域）① 它们的根本功能是将这些意义付诸行为"（Halliday，2009）[263]。

这里所谓的"将这些意义付诸行为"也就是对交际对方的行为和态度产生影响（Halliday，1978）。可见，尽管情感意义似乎是关于个人的意义，但是当言者在交际中表达了这些意义的时候，它们是会对交际事件产生影响的。不过在这一时期，情感意义并不是系统功能语言学家关注的重点，这时人际意义研究的兴趣点主要在语法性较强的语气和情态。

从20世纪90年代开始，情感意义的研究进入第二个阶段。系统功能语言学家正式将情感意义纳入评价系统的框架之内，并且开始系统地研究情感意义。在这个阶段，系统功能语言学家们认识到，描写功能和评价功能是语言的两种最基本的功能（刘世铸，2006）。为了解释语言的评价功能，Martin及其同事建立了评价系统。他们对评价系统的定义是：

"评价系统是语篇中的人际意义，它反映了作者/说者对于交际内容和其他交际参与者所采取的立场，比如是赞成还是反对，是热忱还是厌恶，是称赞还是批判，与此同时他们也将读者/听者置于相同的过程中。"（Martin et al.，2005）[1]

评价系统有3个组成部分：态度、介入和级差②。在评价系统的框架下，情

---

① 此处的括号中的内容为作者所加，目的是明确"这里"所指的内容。
② 详见本书的文献综述部分及理论框架部分。

感意义是归属于态度系统的。根据评价系统的基本思想，情感意义对交际事件的影响力来源于它的评价功能。本书所研究的情感意义就限定在态度系统的范围之内。Bednarek（2006）总结了作为评价手段的情感意义所具有的5个特征：①它们未必是言者对评价对象的真实感受；②它们不包括言者一般的情感状态或性格；③它们不涉及言者在话语中的情感投入；④它们不是在表达情感而是在评价事物；⑤它们与听者的情感激发无关。本书的情感意义研究也坚持上述立场。在这5个特征中，最为关键的是第一点，即作为评价手段的情感意义未必与体验者的真实情感相一致。

评价系统是以词汇体现为主的人际意义系统（Martin，2000，2005；张德禄等，2006），所以在评价系统下，情感意义最直接的体现手段就是情感词（Martin，2005；Bednarek，2008）。其实不只是在系统功能语言学领域，在其他语言学科的情感意义研究中，情感词也一直备受关注，比如心理语言学、认知语言学、计算语言学等。情感词之所以受到广泛的重视，主要有两方面原因：一个原因在于情感词与人类的情感体验密切相关，情感词不但可以指称情感状态和情感过程，还可以"描述"情感以及"表达"情感（Pavlenko，2008）[148]；另一个原因是，与其他情感意义的体现方式相比，情感词具有直接、明确、无争议的优势。基于上述原因，本研究亦以情感词作为切入点。我们以宋成方（2012）提出的现代汉语情感词表为基础，综合考虑使用频率、代表性等因素，从情感词表中选取了13个情感词作为研究对象。它们代表了对话语篇中最常使用的13种情感意义。关于情感词的筛选过程我们将在研究方法部分做详细介绍。

1.2.2 语境变量

本书所说的语境变量是由系统功能语言家提出的一组情感意义变量。这组情感意义变量的取值都来源于语境，它们反映了情感意义的语境特征，因此我们将它们统称为情感意义的语境变量（简称"语境变量"）。语境变量具体包括情感的体验者（以下简称"体验者"）、触发物以及行为。它们的具体含义如下：

体验者：情感的经历者；

触发物：引发情感的原因或情感所针对的目标；

行为：情感所引发的行为。行为变量分两种：一种是指情感的体验者基于情感而实施的行为，本研究称为情感行为；另一种是非体验者针对他人的情感所实施的行为，本研究称为反馈行为。

1.2.3 人际功能

我们在研究动机部分已经讨论过，情感意义与语境变量的不同配置方式在语篇中能够发挥不同的功能，这些功能在系统功能语言学领域被称为人际功能。系统功能语言学认为人际功能是语言的参与功能，即人们通过语言来做事的功能。通过语言的人际功能，说话者将自己置于一个特定的情景语境中，他既表达自己的态度和判断，同时也试图影响他人的态度和行为（Halliday，1978，1994，2004）。

根据上述思想，我们从本研究的语料库中总结了 13 个情感词的 8 种最常见的人际功能，它们是赞赏、批评、道歉、警示、要求、安慰、阻止和拒绝。本书以对话语篇为载体来研究情感意义。在系统功能语言学领域，对话语篇的基本单位是话步，所以我们所说的情感意义的人际功能主要指含有情感词的话步在语篇中所体现的人际功能。但是对于语境变量来说，她们的取值范围往往会突破话步的界限。研究者经常需要在话轮、交际回合乃至更大的范围内来确定每个语境变量的取值。还要说明的一点是，即使是在简短的对话中，言者也未必只借助单个的话步来实施某个人际功能，我们常常会遇到几个话步共同体现一个人际功能的情况。这时，我们仍然认为情感意义对该人际功能的体现发挥了作用。在分析的过程中，我们将这些具有同一人际功能，并且彼此具有某种逻辑关系的话步在整体上视为一个复合话步（Ventola，1987）。

1.3 研究问题

我们在研究动机部分指出人际视角下的情感意义研究存在 3 个突出的问题：一是只研究情感意义本身，而较少关注各种情感意义变量对情感意义发挥人际功能所产生的影响；二是过度依赖情感意义的类型和占比来解释其在语篇中所发挥的人际功能；三是情感意义范畴的识别缺乏具有可操作性的标准。虽然现有的语篇分析实践中很少考虑到情感意义变量，但是已有的研究表明，通过引入情感意义变量能够有效地弥补上述不足。

另外，现有的语篇层面的情感意义研究大多数以独白类语篇为研究对象。评价系统指导下的语篇分析尤其如此。但是独白类语篇和对话类语篇具有不同的参与者关系。在独白类语篇中，只有一个讲话者，读者无法立即对语篇的内容做出回复。作者和读者之间的对话关系是单向的、跨时空的。而对话语篇中则不然，讲话者和听者在进行面对面的交际，他们轮流成为讲话者，对对方的话语内容即时反馈。这意味着根据双方的互动情况，我们能够更明确地判断言者使用情感意义的意图及效果，这对于我们研究情感意义的人际功能十分有利。可见，研究对话语篇中的情感意义不但是必要的也是可行的。

基于上述背景，本研究的基本议题是在对话语篇中情感意义与其语境变量之间的系统配置关系。该议题具体包含两个子问题：

①情感意义与其语境变量之间具有怎样的关系，它们具有何种配置方式？②每种配置方式能够体现哪些人际功能？不同的配置方式能否为情感意义所发挥的人际功能提供合理、有效的解释？

我们将在本书的理论框架部分和论证部分详细阐述上述问题。

1.4 研究方法

本研究首先基于评价系统提出了情感意义与语境变量的配置系统，然后描述和阐释由该系统所派生的各种配置方式在真实语篇中的应用情况。书中的大部分对话实例来自真实语篇，但是在少数情况下，作者对个别实例进行了修改，目的是凸显情感意义与语境变量在配置方式上的细微改变会影响其所发挥的人际功能。由于现有的汉语语料库难以满足本书特殊的研究需要，所以我们采用了自建的语料库。下面我们从两方面对研究方法做进一步说明：①语料库的创建和加工；②代表性情感词的确定以及对话实例的抽样方法。

1.4.1 语料库的创建和加工

本书对语料库要求比较严格。构成语料库的语言材料必须同时满足以下两个要求：第一，基本涵盖现代汉语中所有常见的情感词，并且这些情感词应该具有较高的使用频率；第二，情感词要出现在对话中。首先来看对情感词的覆盖面和使用频率的要求。Bednarek（2008）研究发现，情感词在小说中的使用频率远高于新闻语类、学术语类以及日常会话语类。受该研究的启发，本书选择琼瑶的60部言情小说作为分析的备选语料。琼瑶（原名陈喆）是中国当代最著名的言情小说作家。早在20世纪60年代，她就以短篇小说《窗外》闻名。至今，她已创作了60余部言情小说。我们把这60部小说与5部内地经典话剧剧本，以及钱钟书先生的小说《围城》进行了比较。它们所含情感词的标准化频率分别是13.60次/每千词，4.382次/每千词和5.566次/每千词。结果表明，在琼瑶的小说中，情感词汇的使用频率远远高于其他两类语料。此外，琼瑶的小说中涵盖了汉语情感词表[①]中89.9%的词汇。再看语式方面的要求。小说的一个重要特点就是通过对话推动故事情节的发展。本书所采用的60部言情小说的总字数为770余万字，其中直接引语占总字数的42.5%，达到了330余万字。这说明琼瑶的小说具有突出的对话性。琼瑶的60部小说能够较好地满足本研究对语料的两个基本要求，所以最终被确定为本书的语料。

在完成了语料收集工作之后，我们对语料进行了分词处理，目的是确保检索结果的准确性。我们所采用的分词软件是ICTCLAS 5.0。该软件由中科院计算所研发，它对现代汉语的分词准确率可以达到99.7%。对语料进行分词处理可以有效地避免检索软件将两个相邻的字符串误认为一个词的情况。比如在未分词的情

[①] 本书采用了宋成方（2012）提出的情感词表。

况下，当我们检索"不快"这个情感词的时候，在检索结果中包含了句子"你还不快快地给我滚了来"。之所以会出现这种情况，是因为检索软件会误将否定词"不"和它后面的副词"快快"的第一个字符误读为一个词"不快"。类似的现象会破坏检索结果的信度。

1.4.2 情感词代表的确定以及对话实例的抽样方法

我们在研究范围中提到，在评价系统的框架下，情感意义最直接的体现手段就是情感词（Martin，2005；Bednarek，2008）。本书也选择将情感词作为研究的切入点。但是在各种语言中，情感词的数量都很可观，少则数百，如马来语、菲律宾语、德语，多则上千，如英语、汉语、荷兰语[①]。汉语中情感词多达 1 505 个，其中最典型的情感词也有 189 个（宋成方，2012）。对每个情感词进行研究当然对彻底了解情感意义与语境变量的配置大有裨益，但却是不现实的。因为这一方面需要巨大的人力、物力的投入，另一方面即使我们搜集了每个情感词的对话实例，要寻找其中的规律也需要更先进、完善的统计技术。而这两个要求在现阶段都难以满足。唯一可行的办法是从数量庞大的情感词中选择最典型、最常用的情感词代表，进行以点带面的研究。

情感词代表是情感词表中最典型、最重要的词汇成员。确立情感词代表要尽量遵循以下 3 个原则：数量少、代表性强、覆盖面广。数量少是指情感词代表的数量要控制在可操作的范围之内；代表性强是指情感词代表应该在同类词汇中最为典型、最为常用；覆盖面广是指我们所选择的情感词代表应该尽可能多地涵盖情感意义的类型。我们采取以下 3 个步骤来确定情感词的代表：

首先，选择可靠的情感词表作为下一步检索的基础。现有比较完整的汉语情感词表只有 3 个，分别由 Shaver 等（1987）、赵春利（2007）以及宋成方（2012）提出。但是正如宋成方（2012）所指出的，Shaver 等（1987）以及赵春利（2007）提出的词表存在两方面的问题：第一，词表不完整；第二，词表在语体、构词方式等方面不够统一，而且词表中还包括了很多并不表达情感意义的词语（宋成方，2012）。相比之下，宋成方（2012）提出的词表则克服了上述问题。宋成方（2012）确定情感词表的方法如下：首先从汉语词典中搜集汉语的全部情感词，共计 1 505 个；然后综合考虑这些词在语体、构词方式、词类等方面的特征，初步筛选出 887 个情感词；在此基础上采取问卷调查、语法考察和聚类分析等方法归纳出包含 189 个情感词的汉语情感词表。与前面两个词表相比，宋成方选择情感词的方法更科学、情感词的形式更统一、词表也

---

① 马来语、菲律宾语、德语有 230~250 个情感词汇（Pavlenko，2008），英语、汉语、荷兰语中的情感词汇都在 1 000~2 000 个（同上）。

更完整。因此宋成方（2012）所归纳的情感词表也就成为我们确定情感词代表的首选范围。

然后，我们对词表中的情感词进行频次检索。具有代表性的情感词应该比非代表性情感词的使用频次更高。本研究采用的语料库检索软件是 Ant Conc 3.2.4w。言情小说的一个重要特点是独白和对白语式穿插出现在语篇中，我们的研究只涉及其中的对白部分，所以语料中独白部分的存在会干扰检索的结果。为了最大限度地确保检索结果的准确，我们编写了一个专门针对直接引语的检索程序①。该程序能够将情感词的检索范围限定在直接引语之内，并将每个情感词的检索结果自动生成独立的文件。这样我们就能确保我们所获得的检索结果准确地反映了小说对话部分的情感意义使用情况。表 1-1 显示了在会话子库中使用频数最高的前 20 个情感词汇②。

根据 Biber 等人（2009）的研究，当除了助词以外的某个词在语料库中出现的频率达到 50 次/每百万词的时候，这个词就是具有重要影响的词；而当这个词在语料库中出现的频率达到 100 次/每百万词的时候，它就具有显著的重要性。本研究借用了这一成果，我们发现表 1-1 中的 20 个情感词中，有 19 个词的使用频次超过了 50 次/每百万。据此，我们认为这 19 个词是本研究语料库中最重要的情感词。

表 1-1　会话中频数最高的前 20 个情感词汇

情感词汇	频数（次/每百万）	情感词汇	频数（次/每百万）
爱	1 091.75	喜欢	430.35
恨	256.154	生气	215.629
快乐	172.382	痛苦	137.301
高兴	129.438	伤害	104.639
可怜	89.517 7	担心	88.610 4
伤心	86.493 4	骄傲	64.718 9
害怕	63.206 7	抱歉	62.299 5
开心	53.831 6	讨厌	53.831 6
感动	53.529 2	委屈	53.226 7
不怕	50.504 9	烦恼	49.295 2

最后，我们对初选所获得的 19 个情感词进行语义筛选。语义筛选包括两个环节：类型筛选和意义筛选。

先看类型筛选。情感词代表之间应该是不同义的，每个情感词代表应该代

---

① 由于该程序非常复杂，所以我们无法在论文中呈现。
② 全部情感词在语料中的频次请参阅附录 3 部分。

表一个类型的情感意义。宋成方（2012）采取了实证的方法对情感词的意义进行了初步分类。根据被试的反馈，他将189个情感词汇初步分为39类（参见附录1部分）。我们将初选获得的19个情感词与这39个类型进行匹配，发现"爱"和"喜欢"，"伤害"和"伤心"，"快乐"和"开心"是属于同一类型的情感词。我们比较同一类型的情感词在语料库中出现的频次，将频次最高者作为候选词汇。这样，我们把"喜欢""伤心""开心"3个次从待选的词汇中剔除。

再看意义筛选。有一些情感词本身是多义词或兼类词。对于这种情况我们要特别谨慎，因为在检索中，当一个词具有多种词义或多种词性的时候，往往会影响检索结果的准确性。我们对每个备选词汇的词性和语义进行了考察，进一步修改了代表性词汇的范围。首先，我们将"骄傲"从词汇表中剔除，因为"骄傲"有两个含义：自豪和傲慢。这两个意义虽然都是情感意义，但是差异较大，在检索中最好将它们视为两个词：骄傲（自豪）和骄傲（傲慢）。它们总体的检索频数为64.7次/每百万词，只是略大于50次/每百万词，两个意义中究竟哪一个高于50次/每百万词，或者都低于这个标准我们不得而知。我们剔除的另外一个备选的情感词是"可怜"。"可怜"是兼类词，它既是动词，又是形容词。当"可怜"做形容词的时候，它表示事物的属性，不具有情感义。情感词"伤害"也被我们从备选的情感词中剔出出去。因为"伤害"既可以是身体上的，也可以是思想感情方面的，而只有第二个意义的"伤害"才是情感词。所以"伤害"也不是一个合适的情感代表。在备选的情感词中，还有两个情感词存在兼类的现象，它们是"爱"和"快乐"。"爱"既是名词也是动词，"快乐"既是名词也是形容词。不过不同的词类并没有影响它们的情感词身份，无论它们在使用中具有哪种词性，都仍然表达情感意义。对这两个情感词来说，不同的词性间的差异主要体现在语法功能上，因此我们在情感词表中保留了这两个词。

第一个和第二个步骤满足了我们对情感词代表的数量上的要求，第三个步骤满足了我们对情感词代表的代表性和覆盖面的要求。经过了上述3个步骤的筛选，我们最终确定了13个词作为情感词代表，它们是："爱""恨""生气""快乐""痛苦""高兴""担心""害怕""抱歉""讨厌""感动""委屈""不怕"。这13个情感词代表了本书语料库中最典型、最常用的13种情感意义。

确定了情感词之后，我们还要对这13个情感词的词汇实例的进行抽样。上述13个情感词在整个语料库中共有8 897个对话实例。我们没有必要对每一个情感词的使用实例进行分析，所以我们采取了社会科学研究中分析大型数据最常用的"随机抽样"法来确定实际分析的实例。

除了情感词"爱"以外，其他情感词在直接引语中使用频率不超过1 000

次。对于这12个词汇我们按照30%的比例进行随机抽样。而情感词汇"爱"在直接引语中出现了3 610次,大大超出了我们的分析能力。因此,唯一可行的办法是降低抽样的比例,我们随机抽取了10%的实例样本。我们将所有随机抽取的对话实例样本组成一个小型语料库,称为"样本库"。样本库中包括含情感词的对话实例1 687个。我们对每个对话实例进行了手工标注。标注的信息包括情感词的相关语境变量的特征、情感词在态度系统中所归属的范畴以及情感词所在话步的人际功能。在语料标注和数据统计的过程中,我们采用了Excel软件,因为这款软件特别有利于清晰地呈现标注的结果,根据某个特征对实例进行筛选,并获得相关的统计数据。

1.5 研究意义

本研究的意义体现为以下3点:第一,探索情感意义与语境变量的配置方式,为情感意义在对话语篇中所发挥的人际功能提供更为合理的解释;第二,在情感意义的研究中引入情感意义变量,为情感意义范畴的识别提供了依据;第三,分析情感意义与语境变量配置方式所对应的人际功能,有利于挖掘文学作品中言者的深层意图。

对于研究意义的第一点和第二点,本书已经在研究背景和研究问题中进行了较为充分的阐述,此处不再赘述。以下,我们着重解释第三点意义。从总体上看,运用情感意义的过程是一个隐性的说服过程,言者表达情感的目的经常是不明示的。听者或读者必须理解这些情感表达背后的意图,情感意义才算真正发挥了人际功能。换句话说,听者必须明白言者为什么要向自己表达这样或者那样的情感。本研究从情感意义与语境变量相互配置的视角为回答这个"为什么"的问题提供了一个解决方案。下面我们以话步"我并没有给你幸福和快乐"来说明我们如何通过情感意义与语境变量的配置来推测文学作品中言者的深层交际意图。

这个话步在情景语境中可能具有两种不同的人际功能。第一种人际功能是,言者在向听者道歉。当该话步发挥道歉功能的时候,语境变量与情感意义的配置会呈现以下特征:言者是情感的触发物,听者是情感的体验者。言者在语境中本来有义务让听者感受到幸福和快乐,但是他却由于某种原因没有做到。比如当言者是一个经常在外奔波的妈妈,而听者是她无暇照顾的孩子的时候,该话步就是具有这种道歉的功能。这时言者将自己建构成为一个失职的触发物,情感意义和触发物的失调式配置(详细论述请参阅理论框架部分)向情感意义的触发物传递了消极的评价意义,从而达到道歉的目的。

还有一种可能性是,言者在谴责听者的冷漠。在我们的语料库中有这样一个对话的实例：

（5）（丈夫明远批评梦竹不能忘怀过去的恋人何慕天，却不把自己放在心上）

梦竹低喊："你根本不懂！我不是爱他，我是恨他！你不知道我恨他恨得有多厉害，他是个掠夺者，夺去了我一生的幸福和快乐……"

"是的，你的一生！"明远的声音更冷了，"你自己说明了，他夺走你一生的幸福和快乐，**可见得我并没有给你幸福和快乐**！"

——《几度夕阳红》

例（5）中，话步"可见得我并没有给你幸福和快乐"是对听者的批评。虽然表面上看来这两个话步在形式上并没有明显的差异，其实它们内部所包含的情感意义与语境变量的配置方式是不同的。例（5）中，言者仍然是情感的触发物，听者也仍然是情感的体验者。但是在这个实例中，言者是一个合乎社会归约的情感触发物。言者（明远）是听者（梦竹）的丈夫，他比任何其他的男人更有资格成为梦竹积极情感的触发物，即让梦竹感到"幸福和快乐"。在小说中，言者与听者共同生活了十几年，而且为听者付出了很多。所以在例（5）中言者并不是在为自己的失职而道歉；言者谈论情感的真正目的是要批评情感的体验者（听者），因为情感的体验者对触发物的努力没有报以应有的情感反馈。所以说，例（5）中，对听者批评的力量来自情感意义和体验者之间的失调式配置（详细论述请参阅理论框架部分）。例（5）中情感意义和体验者之间的配置向情感的体验者传递了消极的评价意义，从而达到了批评的目的。

同样的情感意义在不同的语境中能够发挥不同的人际功能是不足为奇的。本研究的贡献在于通过对情感与某些关键性语境变量的配置方式来预测其可能的人际功能范围。这无论对于人际意义理论的发展，还是对于语篇分析的实践而言都是具有重要意义的尝试。

1.6 本书的结构

本书共分7章。第1章绪论部分勾画本研究的宏观蓝图，介绍了研究动机、研究范围、研究问题、研究方法以及研究意义等问题。第2章文献综述评述语言学领域的相关研究，首先介绍情感意义研究，然后介绍评价视角下的情感意义变量研究。第3至6章为本书的主体部分。第3章是理论框架，我们初步建构了情感意义与语境变量的配置系统。在理论框架部分我们回答了本书的第一个研究问题：情感意义与其语境变量之间具有怎样的关系，它们具有何种配置方式？第4至6章是理论框架的论证和发展部分。这3章的内容回答了本书的第二个研究问题：每种配置方式能够体现哪些人际功能，不同的配置方式能否为情感意义所发挥的人际功能提供合理、有效的解释？通过对第二个研究问题的回答我们验证和发展了第3章所提出的理论框架。验证体现在对第二研究问题的回答本身验证了理论框架的有效性和影响范围。发展体现为两个方面：一方面我们详细地阐述了人际功能与情感意义配置之间关系，另一方面我们也进一步细致地阐释了情感意义以及语境变量之间的关系。第7章为结论部分，我们回顾本研究的主要内容，总结研究中的主要发现，最后指出本研究中存在的一些不足，并提出了对未来的展望。

第 2 章 文献综述

本章的主要任务是对语言学领域的相关研究进行综述。目的是厘清这些研究的脉络，发现情感意义研究中尚待解决的问题，为本书开辟研究空间。本书的基本议题是情感意义与其语境变量在对话语篇中的配置方式。基于这一宗旨，我们首先综述情感意义研究的总体情况，然后在评价的范围内对情感意义变量的研究进行较为详尽的介绍和评述。

2.1 情感意义研究

情感意义的研究在语言学领域方兴未艾。Bednarek（2008）将语言学领域现有的情感意义研究归纳为 11 种视角：认知视角、跨语言视角、语言人类学视角、历时视角、功能视角、句法视角、会话分析视角、文体视角、心理语言学视角、语用视角和系统功能视角。虽然同为语言学领域的情感研究，但是它们在研究宗旨、研究对象以及研究方法等方面存在诸多差异。我们无意对上述所有视角做穷尽性综述。本书是系统功能语言学框架下的情感意义研究。系统功能语言学家认为情感意义是一种人际意义。当言者表达情感意义的时候，他既是"表达自己的态度和判断"，也是在"试图影响他人的态度和行为"（Halliday, 1978）[122]。因此，本部分只对持类似立场的研究进行综述。本书主要涉及上述视角中的功能视角、句法视角、会话分析视角、语用视角以及系统功能视角。此外，还涉及修辞学视角和语料库语言学视角的相关研究成果。为了更清晰地呈现各个学科在情感意义研究上的关联，我们打破了严格的学科界限，按照研究目的将上述研究在宏观上概括为三大视角：语义视角、语法视角以及语篇视角。下面我们就分别对这三大视角的情感意义研究进行综述。

2.1.1 语义视角

语义视角的研究主要关注两个问题：①情感意义的内涵和范围；②情感意义的词汇、语法体现。

2.1.1.1 情感意义的内涵和范围

在语言学领域，关于情感意义一直没有统一的界定。各个学科不但使用的术语不同，而且它们所研究的情感意义的内涵和外延也不尽相同。

Leech（1981）提出了语言的7种基本意义：理性意义（或称概念意义，conceptual meaning）、内涵意义（connotative meaning）、社会意义（social meaning）、情感意义（affective meaning）、反映意义（reflected meaning）、搭配意义（collocative meaning）以及主题意义（thematic meaning）。其中情感意义是指语言所反映的言者的个人情感，包括他们对交际对方以及讲话内容的态度（Leech，1981/1985）。Leech认为情感意义的一个重要特征是其依附性。也就是说，为了表达情感，言者需要借助其他类型的意义，比如理性意义、内涵意义以及语体意义。例如：

（1）你是个凶恶的土霸王，可耻的堕落者，为此我非常恨你！（Leech，1981/1985）[21]

（2）你快点住嘴！（同上）[22]

例（1）表达了言者对听者的憎恶之情。该情感意义附着在话语的理性内容之上，像"凶恶""土霸王""可耻"等词汇在表达理性意义的同时，也承载了言者想要表达的强烈情感。相比较之下，例（2）中的情感意义就不那么直接了。当言者采用了"温和""请求"的语气来表达，那么她不过是好朋友之间的"嬉笑之词"（Leech，1981/1985）[22]，反之如果采用严厉的语气，则表达了不满的情感意义。

Leech关于情感意义具有依附性的观点与很多其他学科的情感意义研究产生了共鸣，如系统功能语言学的人际意义的研究（详见下文）。其实在Leech提出的7种意义中，还有两种与情感意义密切相关，或者说它们承载了特定的情感意义。这两种意义是内涵意义和社会意义。内涵意义是指"一个词语除了它的纯理性内容之外，凭借它所指的内容而具有的一种交际价值"（Leech，1981/1985）[17]。人们所使用的词语经常会使他们联想到某些"真实世界中的经验"。而这些"不稳定""不明确""无限"的意义一方面反映了言者的情感、态度（Leech，1981/1985）[18]，另一方面也会引发听者的情感反应。社会意义是"一段语言所表示的关于使用该段语言的社会环境的意义"（Leech，1981/1985）[19]。社会意义承载了那些与社会地位、参与者立场相关的情感。语言的社会意义包括话语的言外之意，比如一句话应该被解释为请求、陈述、道歉或威胁等（Leech，1981/1985）。Leech（1981/1985）多次强调语言的理性意义才是语言学研究的重点。

"我优先考虑理性意义的主要理由是它有一种复杂的结构，这种结构可以同语言的句法层次和音位层次上类似的结构相比，并且与之交叉相关"（Leech，1981/1985）[14]。

可见，Leech明确主张在语言学研究中应该回避情感意义的主要原因是情感意义不具有如同理性意义那样的结构特征。Leech所说的结构就是指一个句子在句法上可以被分析为多个组成部分。他认为对比性和结构性是语言的两个基本原则。由于情感意义不具有结构,所以它与其他语言层次的结构没有对比性可言,这使情感意义在语言学研究中不可能占有重要地位。这样的思想反映了20世纪70年代以前语言学界对情感意义的主流看法,当时"正统"的语言学很少研究语言的情感维度(Besnier,1990)[420]。

Lyons(1995)区分了语言的两种基本意义:描述意义(descriptive meaning)以及非描述意义(non-descriptive meaning)。描述意义也称为命题意义、指称意义等,它相当于Leech所说的理性意义。而非描述意义主要包括表达意义(expressive meaning)和社会意义。表达意义是指话语中有关个人的"信仰""态度"以及"感受"等方面的意义(Lyons,1995)[44]。莱昂斯所说的表达意义大体上相当于利奇的情感意义。这些意义所针对的对象是命题或其他参与者。Lyons开始认识到表达意义具有社会属性。他认为表达意义应该具有"社会的"和"人际的"的属性(Lyons,1995)[45]。

Leech和Lyons立足于语言本身来研究情感意义(Thompson et al.,2000)[2]。但是以系统功能语言学为代表的功能语言学则将目光从语言本身转向了语言的使用者,他们认为情感意义是语言的人际意义。所谓人际意义是人们可以用来"以言行事"的意义。语言的人际意义有两方面,"个人"的一面和"交流"的一面(Hood et al.,2007)。其中"个人"的一面是用于表达"态度""评价""愉悦的或不愉悦的情感状态"(Halliday,2009)[263]。这些"个人"方面的意义就是系统功能语言学所研究的情感意义的范围。Martin及其同事将这部分意义纳入态度系统中。态度系统是与言者感受相关的意义潜势(Martin et al.,2005)。Martin和White(2005)还参照了心理学、伦理学以及美学的标准将态度系统的意义进一步范畴化(详见2.1.3.3部分)。可见,系统功能语言学中所研究的情感意义综合考虑了情感的心理特征以及社会特征。其最终的目的是让情感意义具有社会重要性,因为只有具有社会重要性的情感意义才能在交际中有效地影响听者的态度和行为。

与Leech(1981)不同,系统功能语言学并没有因为情感意义不具有句法结构就将它排除在研究范围之外。恰恰相反,在系统功能语言学的框架下,人际意义与概念意义具有同等重要的地位(Halliday,1978,1979,1994;Halliday et al.,2004)。系统功能语言学家还提出了专门适用于分析情感意义的结构类型。与其他人际意义一样,情感意义具有韵律型的结构。系统功能语言学家认为人际意义在词汇语法层体现为韵律结构,它们可以附着在小句和语篇的任何片段之上。人际意义就好像语音学中的韵律,这些韵律虽然具有区别的重要性,却不进入成分结构关系(Halliday,1979)[204-206]。Martin和White(2005)[19-20]在此基础之上进一步提出了人际意义韵律的3种类型:渗透型(saturation)、加强型(intensification)以及主导型（domination）。渗透型韵律指人际意义随机地出现在小句和语篇的任何位置；加强型韵律指某种人际意义通过重复、感叹等手段在小句及语篇中被逐渐强化；主导型韵律指某种人际意义在一定范围内控制或影响其他意义。

除系统功能语言学以外，其他功能主义取向的情感研究还包括语用学、会话分析、语料库语言学等学科的研究。它们的共同点是将情感意义的表达视为一种社会行为，不过不同学科研究者的研究范围（或者说研究对象）有很大的差异性。

Caffi 和 Janney（1994）[354-358]总结了语言学领域情感意义研究所关注的 6 个方面。

评价：所有能够推断出言者对话语内容以及其他参与者等所持立场（如高兴与否、同意与否、喜欢与否）的言语和非言语行为；

接近性：所有能够推断出言者与话语内容以及与其他参与者的隐喻式距离的言语和非言语行为；

明确性：所有可以用于调节关于话题、话语内容、参与者指称的明确性及清晰程度的词汇、词类、词汇组织模式、会话技巧和话语策略；

传信性：所有规定表达内容的可靠性、正确性、权威性、有效性、真实性及其他价值的相关选择；

意愿性：所有可以推测出参与者话语角色的主动或被动地位的话语策略，比如对施事代词的选择（自己、对方）、语态（主动、被动）、语气（陈述、疑问、祈使）、断言的否定及称谓技巧等。

量性：所有强化和弱化意义的选择，这些选择包括数量、程度、度量及持续性等意义。

这 6 个方面代表了语言学领域中情感意义研究涉及的主要范围。由此可见，语言学领域的情感意义研究不仅仅限于心理学及认知科学所提出的基本情感。语言学中的情感意义指的是那些能够反映言者对于实体及交际内容的态度和观点的意义（Besnier，1990；Biber et al.，2000/2009）。正因如此，语言学研究很少强调情感体验的真实性，因为无论是"表达情感的语言"还是"谈论情感的语言"都不能作为衡量真实情感的依据（Bednarek，2009）[405]。此外，心理学上严格区分了情感（emotion/affect）、情绪（mood）、感受（feeling）等概念。这些区分在语言学领域基本没有意义。对此，语言学的一贯做法是用"情感"（emotion/affect）这一术语囊括上述所有情况。Bednarek（2006）[19]总结了作为评价手段的情感意义所具有的 5 个特征：①它们未必是言者对评价对象的真实感受；②它们不包括言者一般的情感状态或性格；③它们不涉及言者在话语中的情感投入；④它们不是在表达情感而是在评价事物；⑤它们与听者的情感激发无关。本书对情感意义的研究也坚持上述评价立场。

2.1.1.2 情感意义的词汇、语法体现

语言的每一个维度，声音、词汇、句法乃至语篇都具有表达情感的功能（Wilce，2009）。本小节主要综述情感意义在词汇、句法层面的体现研究。

早在20世纪70—80年代，语言学家就发现有些词汇的主要功能就是表达情感。Goffman（1978）注意到交际中人们会使用一些片语来表达情感。利奇在他的经典著作中也讲道：

"有一些语言成分如感叹词，英语中的 Aha［表示得意、嘲弄、惊奇等等］，Yippee！［表示欢欣鼓舞的欢呼声］，其主要功能就是表达情感。在我们使用这些语言成分的时候，即使没有任何其他种类的语义功能做媒介，也能表示情感和态度。"（Leech，1981/1985）[22]

Besnier（1990）从类型学的角度阐述了这类词汇的语法特征。他指出在多数语言中，专门用于表达情感的词汇常常是一些边缘性词汇（marginal vocabulary），如象声词、感叹词、咒骂语、表示同情的小品词等。此外，很多语言中的加强形式、称呼语、家族关系名词和评价性形容词也都有丰富的情感内涵。Kövecses（1995）[3-15]进一步解释了词汇与情感的关系。他区分了"表达性的情感词"（expressive emotion words）和"描述性的情感词"（descriptive emotion words）。以英语为例，shit（屎）和 yuk（哈哈）属于表达性的情感词，它们用于表达言者愤怒和厌恶的情感；而 angry、joy 属于描述性的情感词，它们用于描述情感的内容。Kövecses 还进一步指出，未必所有的情感都有相应的表达性的情感词，在特定的场合下描述性的情感词也能表达特定的情感，如英语小句"I love you!"（我爱你）通过描述个人心理状态来表达情感。这说明表达情感与描述情感之间不存在绝对清晰的界限。该原则广泛适用于词汇、句子和语篇，所以在日后的情感研究中，语言学家们基本上不刻意强调表达情感和描述情感的差异。

此类研究在汉语中也有不少成果。汉语中的表情词汇包括语气副词（李杰，2005；温锁林，2010）、频度副词（邓川林，2010）、呼告语（张德明，1995）、文言动词（陈化标，2005）、行为动词（赵亚琼，2013）、量词（刘悦明，2011）、情态动词（高增霞，2003）、詈语（尹群，1996）等。

研究表明某些句式也蕴含着特殊的情感意义。Min 和 Park（2007）的研究发现疑问句式出现在间接言语行为中可以表达类似于愤怒消极态度；李杰（2004）发现含有"还"字的复句，当"还"字表示"补充同一项目"的意义时，常常蕴含了言者强烈的主观情感；吴长安（2007）发现"爱咋咋地"在汉语中表示一种无所谓、随意或不耐烦的态度和情感；樊中元与蒋华（2010）发现含有"你那×"的小句具有消极情感义和权势义。这类研究还涉及情感表达的人际功能。宛新政（2008）发现汉语中的"（N）不 V"祈使句式具有"柔劝"的功能。因为在这类祈使句中，言者向听者传递了亲昵的态度。亲昵的态度起到了弱

化行为要求的作用。这类祈使句使交际双方在感情上相互融合，进而调动了听者的自主能动性。刘丞（2013）发现话语标记"谁说不是"在语篇中能够起到衔接含有相同或相异的观点的语段。而且"谁说不是"还可以在应答的同时给予对方情感上认同和支持。张克定（2007）研究了小句的主位化评述结构能够体现判断、情感和鉴赏的态度意义。

2.1.2 语法视角

语法视角的情感意义研究的主要任务是发现情感意义的句法模式。语料库的建设和发展极大地促进了该议题的研究。语料库不但提供了发现和验证句法模式所需要的真实语料，而且语料库语言学还为句法模式的描写和提取提供了有效的方法。

Hunston 和 Sinclair（2000）提出了评价意义的"局部评价语法"（local grammar of evaluation）模式。局部评价语法专门描写作为评价的情感意义的句法结构。局部语法是与普遍语法（generalized grammar）相对的语法描写方法。局部语法并不适用于对整个语言系统的描写，它是为了解释语言中某些特殊类型的意义而专门建立起来的描写方法。局部语法的主要特征是它不直接使用词汇类型来描述意义的句法模式。它首先为相关的意义建立一组功能或语用参数（或称"标签"），然后再使用这些参数来描写相关意义的语义模式，最后从上述语义模式中提取一般意义上的句法结构。在语料库语言学的研究中，局部语法有利于实现对特定类型的意义进行自动和半自动化标注。更重要的是，研究者还可以在局部语法所发现的特定意义的功能模式基础上进一步抽象出相应的句法模式。Hunston 和 Sinclair（2000）设置了 6 个评价意义的参数：评价者（evaluator）、评价对象（thing evaluated）、评价语境（evaluative context）、评价反应（evaluative response）、评价范畴（evaluative category）以及链接语（Hinge）。根据上述参数所反映的评价意义的功能模式，他们提取出评价性形容词的 6 种典型的句法模式①。

Fillmore 等人主持的 FrameNet 项目（http://framenet.icsi.berkeley.edu/）也体现了局部语法的思想。他们提出了描写情感意义的多种参数，如体验者（experiencer）、程度（degree）、目标（target）、载体（carrier）、主题（topic）等。同样他们也是根据上述参数所描写的语义模式总结出多个情感意义的句法模式。

---

① 这 6 种典型的句法模式是：（1）it+link verb+adjective group +clause；（2）there + link verb +something/anything/nothing +adjective group+ about/in +noun group/-ing clause；（3）link verb+ adjective group+ to-infinitive clause；（4）link verb +adjective group +that-clause；（5）pseudo-cleft；（6）patterns with general nouns（hunston et al., 2000）。

系统功能语言学在态度系统的研究中也借鉴了上述研究的思想和方法。刘世铸（2006）确立英语中情感范畴的 10 个典型句法模式以及判断范畴的 12 个典型模式。Bednarek（2008）根据情感与体验者和触发物的配置情况首先将情感范畴的语义模式在总体上分为 4 类：有体验者的情感、没有体验者的情感、有触发物的情感，没有触发物的情感。在此基础上，她进一步研究了上述每一类情感语义模式，并从中总结出 30 余个情感意义的句法模式。

我国学者也发现了汉语中的情感句法模式。卢莹（2002）通过对情感形容词在各种句法位置上的考察，总结出如下的规律：情感形容词的语义一般指向在句法距离上离它最近的指人的词语（情感形容词做状语有少许例外）。孔兰若（2013）提出了情感形容词的句法鉴别框架，并探究了隐喻用法对情感形容词鉴别的影响。此外，汉语有很多以特定类型的情感词为中心的局部范围的句法模式研究。宋成方（2012）研究了汉语的情感动词的语法特征；袁毓林（1992）研究了表示观念或情感的二价名词的语法特征；赵春利和石定栩（2011）、俞玮琦（2012）研究了汉语中的情感形容词的多种语法特征。

总结情感意义句法模式的目的之一是用这些模式来识别情感意义。但是情感的句法模式研究还存在着一个尚未解决的问题，即上述研究所获得的句法模式只是情感意义的充分但不必要条件。凭借这些模式我们还不能完全区分情感意义和非情感意义。Bednarek（2009a）借助语料库的方法研究不同的态度范畴所对应的句法模式，发现各种态度子范畴的句法模式之间存在较多的重合，所以单纯依靠句法特征无法用作自动识别态度系统子范畴的依据。但是句法模式对"观点"类（opinion）评价意义和"显性情感"（overt affect）类评价意义具有较好的区分功能（Bednarek，2009a）。

上述研究表明，总结和提取情感意义的典型句法模式是完全可能的。只不过有效的总结模式的方法不是基于句子成分的词类，而是要换一个角度从情感成分出发，考察其他句子成分相对于情感的功能。换言之，研究者应该立足于情感意义，考察相关句子成分相对于情感意义的功能，如它们是情感的经历者、引发情感的原因，还是表示情感的程度等。局部评价语法提出各种参数的目的也就是要描述各个句子成分相对于情感意义的功能。本章的 2.2 部分将对情感意义相关变量（参数）的研究做进一步的详尽介绍。

2.1.3 语篇视角

语篇视角的情感研究主要涉及情感诉求研究、感情交际研究、立场研究以及评价研究。

2.1.3.1 情感诉求研究

语言学领域的情感意义研究起源于修辞学。早在两千多年以前,西方修辞学的创始人亚里士多德(Aristotle)就正式开始在学术领域探讨情感的功能。他提出的"情感诉求"(pathos)的说服模式开创了从人际意义的视角研究情感的先河。亚里士多德在《修辞术》中提出了3种基本的说服模式:

"由言辞而来的说服论证有3种形式,第一种在于演说者的品格,第二种在于使听者处于某种心境,第三种在于借助证明或表面证明的论证本身"(亚里士多德,2003)[136]。

亚里士多德所说的3种说服形式被后世学者分别称为:人格诉求(ethos)、逻辑诉求(logos)以及情感诉求。其中情感诉求是指在演说过程中演讲者激发受众的情感,使其进入特定的情感状态。亚里士多德对情感诉求的说服功能有着深刻的认识,他在《修辞术》中这样写道:

"当一个人对他所要判决的人怀有友爱之心时,就会认为此人无罪或者罪过很轻,怀有憎恨之心时他的看法就会截然相反。对于一个欲求某事并对之怀有美好希望的人来说,如果将要发生的事是令人快乐的,他就会觉得这件事将要发生,并且将会是一件好事情,然而一个冷漠的甚至心里不舒畅的人对此就会有完全相反的心情"(亚里士多德,2003)[78]。

亚里士多德介绍了十余种可资利用的情感,包括愤怒、憎恨、恐惧、怜悯、义愤、愧疚、嫉妒、友爱等。在《修辞术》一书中,他定义了这些情感的性质、论述了它们产生的原因、体验者的心理特征以及演说者激发和利用这些情感的策略。

情感诉求是演讲者通过话语来激发听者情感反应的过程。它具有以下两个特征:第一,强调演讲语篇应该以听者为取向。在各种演说中,听者扮演了"评判者"和"观察者"的角色。他们评判演讲者的能力,判决过去发生的事以及判断将要发生的事(亚里士多德,2003)[16]。所以听者享有至高的权力,他们是演讲者努力说服的对象;第二,强调情感的真实性。《修辞术》中所涉及的情感是指那些"能够促使人们改变其判断的那些情感,而且伴随有痛苦与快乐"(亚里士多德,2003)[78]。只有当听者的情感真正地被演讲语篇激发起来的时候,听者的判断和决策才有可能受到情感的影响。

亚里士多德的情感诉求说服模式对后世学者的情感意义研究产生了巨大的影响。他的观点得到了Perelman和Olbrechts-Tyteca的追随。Perelman和Olbrechts-Tyteca研究的主要问题就是言者如何在演讲中激发听者的情感,从而获得听者的支持(Caffi et al., 1994)。情感诉求在当代的修辞学研究中仍然占有重要的地位。与传统修辞学相比,当代修辞学的研究范围更加广阔。除了基本的演讲语篇以外(如Wilce, 2009; Loseke, 2009; Matsumoto et al., 2013; 慎和范, 1986; 何晓勤, 2004等)还涉及辩论(Macagno, 2013; 何静秋, 2012等)、商务信函

(张鋆，2013)、法庭判决书（Berns，2009）等。实际上情感诉求的基本思想蕴含在所有从人际意义出发的情感研究中。无论是评价研究、立场研究，还是我们下面即将综述的感情交际研究，都可以看成是言者对听者的情感诉求。

修辞学的情感诉求研究主要采用社会学方法来解释情感的劝说功能。研究者很少对语篇中的语言做深入、细致的分析，而且他们也没有专门用于分析语言使用的理论框架。他们分析语篇片段的目的只是为各种策略提供实例。这种解释方式的弊端在于，言者即便懂得了某个说服的策略，可是他未必知道应该采用什么样的语言形式才能够有效地将这个策略付诸实践。感情交际、评价系统以及立场研究都有助于在这方面有显著的改善。

2.1.3.2 感情交际研究

感情交际（emotive communication）有着比较深厚的语言哲学渊源。20世纪初，德国哲学家Marty在他的语言哲学著作中正式提出了感情交际的概念。20世纪80—90年代，这个概念被引入语用学。从此，感情交际成为语用学情感意义研究的代表性路径。本小节首先介绍感情交际概念的起源及内涵，然后介绍语用学在感情交际研究中的主要观点和成果。

Marty指出情感可以通过两种方式介入言语交际：情感交际（emotional communication）和感情交际（Mulligan，1990）。情感交际是言者在交际中自发的、无目的的情感流露或迸发（Caffi et al.，1994）[328]；而感情交际是指言者"在说话和写作过程中有目的地、策略性地表明情感信息以便影响对方对情境的解释，进而实现交际目的"的行为（同上）。感情交际是言者的自我展现，它的特征可以概括为策略性的、说服性的、互动性的以及听者取向的（Cmejrková，2004）[36-38]。感情交际与情感交际的主要区别在于：首先，感情交际具有更强的目的性；其次，感情交际所涉及的情感未必是真实的。

Marty还阐述了感情交际的语言特征。感情交际中的语言可以是表明言者暂时性评价立场和意志状态的话语。这些话语具有引导听者注意力的功能。Marty将这些话语分为两类：一类涉及评价，比如接受或拒绝，同意或否认、喜欢或厌恶；另一类与兴趣相关，比如希望、愿望以及相关的情感（Mulligan，1990）。Marty特别注意到了情感词表达观点的功能。他曾经以这样两个句子来说明情感词在交际中的作用：

It's raining.

I'm convinced that it's raining.

前一句话是一个陈述句，它是说话人对命题的属性和事实性的判断。第二句话与第一句的相似之处在于第二句话也是一个陈述，它表达了言者确信"正在下雨"的事实。但是与第一个句子不同的是，在第二个句子中，言者对自我的心理活动进行了"宣言"（announcement）（Mulligan，1990）[13]。这个宣言的意图不仅仅是表达个人的判断，更重要的是言者试图通过宣称自己的情感状态来影响和控制听者的精神世界，比如安慰或者让听者信服。

Marty 对情感交际和感情交际的区分对语言学领域的情感研究具有重要的意义。虽然二者之间的边界是模糊的，但是这种区分成为日后语言学界情感研究的分水岭。此后，一些学科将情感交际作为研究重点，如认知语言学、心理语言学、语言类型学等。这些学科将情感视为人们的心理体验，他们认为情感是人脑知识的一部分。他们关注的是用于表达情感的语言反映了人们怎样的情感概念和结构，有时他们还用情感的概念和结构来解释个人和文化社团的行为。而另外一些学科则将感情交际作为研究重点，如会话分析、语用学、人类学以及系统功能语言学等。他们将人们谈论和表达情感的现象视为一种社会行为。也就是说，谈论和表达情感是社会成员之间相互影响的交际策略。他们关注为了实施特定的交际目的参与者如何谈论或者表达情感。从这个意义上来看，本书属于系统功能语言学框架下的感情交际研究。

Marty 对感情交际和情感交际概念的区分在语用学领域产生了深远的影响。语用学家注意到语言和情感的关系是相当复杂的。Caffi 和 Janney（1994）[326]精辟地概括了二者之间的复杂关系：

（1）我们都能表达我们所具有的情感；

（2）我们都有一些情感没有表达出来；

（3）我们都能表达自己所没有的情感，我们还可以表达我们认为交际对方希望我们所具有的情感，我们甚至还能表达由于某种原因在某些场合下被认为是具有恰当性的情感。

为了解释情感对交际的影响，Arndt 和 Janney（1991）在情感交际和感情交际的基础上又进一步提出了认知交际（cognitive communication）的概念。情感交际、感情交际和认知交际的意识程度、理性程度以及符号复杂程度呈现递增的趋势。意识程度是指言者在交际中的意愿性和控制力。情感交际是情感无意识的外显行为，这种交际没有明显的目的性，所以意识程度最低；认知交际是言者有意识地表达某种思想和概念，这种交际的意识程度最高；感情交际是言者有意识地在文化规约的范围内表达情感和态度的行为，这种交际在意识程度上介于情感交际和认知交际之间。理性程度是指交际是否具有逻辑性。在这三类交际中，只有认知交际是通过命题来表达的，所以只有认知交际具有"真值"。在安特等人看来，认知交际是最具理性的；而情感交际和感情交际都是非命题形式的，它们没有逻辑上的"真值"，因此从逻辑角度上看，二者都是不具理性的。但是感情交际能够辅助听者理解命题，因此在理性程度上是高于情感交际的。符号复杂程度是指交际表达形式的符号等级性。情感交际是自然流露的、本能的情感反应，所以符号复杂程度最低；认知性交际采用了具有任意性和文化规约性相结合的语言符号，所以符号复杂性最高；而感情交际既有语言的也有非语言的表达手段，因此符号复杂程度居中。

感情交际研究的一个核心问题是参与者在交际中要借助什么样的手段来呈现

情感信息才能够对交际事件产生预期的影响。语用学主张只有那些具有感情对比性（emoitve contrast）的情感呈现才具有交际重要性。感情对比性包括3个方面的含义：偏离性（divergence）、标记性（markedness）、先行图式（linguistic anticipatory schemata）（Caffi et al., 1994）[349]。偏离性是指那些在情景语境中让听者感到"不寻常""意料之外"和"惊讶"的话语特征；标记性是指言者在交际中选择了与中立的、非标准的形式有差异性的话语；先行图式是指人们一般认识的伴随话语的声音、手势、书写等所体现的意义。按照上述原则，Caffi和Janney（1994）提出了语言学关注的情感呈现手段的6种类型：评价、接近性、明确性、传信性、意愿性以及量性。它们同时包括语言的和非语言的体现形式。呈现手段所投射的单位也是多样的，小至单个的语音特征、词汇，大至话轮、语段甚至整个语篇。很多学者聚焦其中的一种或者几种手段，研究它们在各类语篇中的使用情况。其中语言类的手段包括词汇及片语（Goffman, 1978；Tang et al., 2012；Chatar-Moumni, 2013等）、特殊的语法形式（Min et al., 2007；Selting, 2012；Kleinke, 2008等）、修辞方式（Hsiao et al., 2010；Beaumont et al., 2004）等；非言语类的手段包括表情、声音、体势、目光注视等（Arndt et al., 1991；Maemura, 2014；Selting, 2010；Haakana, 2010；Kupetz, 2014等）。

非但如此，研究者还发现多种情感呈现手段在交际中是协同起来发挥作用的。多种情感呈现手段不但经常共现（Arndt et al., 1991；Drecher, 2001；Selting, 2010；Local et al., 2008），而且它们不同的组合方式在感情交际的过程中往往具有不同的优先程度（Kupetz, 2014）；此外情感呈现手段的选择还要考虑它在交际中所处的序列位置，处于起始位置和回复位置的情感呈现会有不同的效果和功能（Local et al., 2008；Selting, 2010）；最重要的是，不同情感呈现的手段可以相互影响，跨模态的情感标记可以相互支持也可以彼此矛盾，表征情感的标记可以被有意地误用（Arndt et al., 1991）。

语用学领域的感情交际研究在解释情感在交际中的作用以及体现形式两方面的研究取得了丰硕的成果。但是它仍然具有一定的局限性。从Arndt和Janney（1991）对感情交际的论述可见，语用学领域中的感情交际研究专门关注那些携带了言者的情感信息，却不能纳入命题的语言成分，比如话语的明确性、正式性、情态、语气等，而那些最直接、最明确地体现情感意义的语言成分——情感词，却被排除在研究的范围之外。造成这种情况的主要原因可能是在交际中，情感词与言者的情感呈现常常并不一致。比如当言者的语调、声音等表明了他对评价对象很不满意的时候，他仍然可以说"我高兴得要命"这样的话语。这时情感词所描述的情感状态与其他情感呈现方式所表达的情感发生了矛盾。即使是这样，我们仍然不能否认情感词具有情感呈现的功能，更不能否认情感词是感情交际的重要手段。正如Arndt和Janney（1991）自己所指出的，不同情感呈现的手段可以相互影响，各种呈现手段既可以相互支持也可以相互矛盾，表征情感的标记还可以被有意地误用。当情感词所表达的情感意义与言者通过其他情感呈现手段所表达的情感意义相互矛盾的时候，这种矛盾本身也是感情交际的一种特殊体现形式。除了情感词以外，很多其他词汇的选择也能够表达言者的态度和观点。这些词汇都构成了命题内容的一部分，因而具有了逻辑上的真值。类似于"我生气了"，这样的句子，在 Arndt 和 Janney（1991）对交际模式的分类中，应该属于认知交际而非感情交际的范围。如果语调、体势等间接表达情感的手段都被视为感情交际，那么通过情感词来明确地表达自己情感的句子为什么却不属于感情交际的研究对象呢？如果我们将这些具有情感意义的词汇也视为情感呈现的手段，那么感情交际的范围就会进一步扩大。立场研究，尤其是评价系统的研究都承认了这类词汇对于表达情感的重要性。

2.1.3.3 立场研究

20 世纪 80 年代，立场研究开始在语言学领域占据重要的地位。立场研究的目的是发现和解释口语及书面语篇中用于表达讲话者或作者立场的语言及行为（刘世铸，2006）[22]。会话分析、语料库语言学、语用学以及社会语言学等学派都有关于立场问题的研究。他们研究立场的内涵、研究目标以及方法不尽相同。Biber 等人从语料库语言学角度开展的立场研究与本书的关系最为密切，所以本书重点对这部分研究进行综述。

Biber 和他的同事将立场定义为表达个人情感、态度、价值判断和评价的意义（Biber et al., 1988; Biber et al., 2000/2009）。他们从语义上区分了 3 种类型的立场：认知立场（epistemic stance）、态度立场（Attitudinal stance）和文体立场（style stance）（Biber et al., 2000/2009）[972-975]。认知立场是言者对命题的信息地位的评论，包括命题的确定性、事实性、准确性、局限性以及信息的来源或者出发点；态度立场能够传递言者态度的意义，具体包括言者的感受、情感、价值判断、意愿等。他们还试图把认知立场进一步分为"态度"（attitude）和"情感"（emotion）两类，但是他们自己也承认，态度和情感之间的界限是模糊的，很多形式同时传递了这两种意义，所以二者是不可分的。文体立场是言者和作者对于交际过程本身的评论，包括对信息呈现方式的评价等。

Biber 等人（2000/2009）[966-970]还研究了口语和书面语中表达立场的手段。他们指出言者要想明确地表达立场只能借助语法和词汇。其中语法手段主要用于表达言者对某个命题的态度。他们总结了 5 种语法手段。它们的语法性不同，其中最具语法性的两种手段是，立场副词以及立场补语小句结构。采用这两种手段的句子在结构上能够明显地区分出两个成分：一个成分是立场的表达成分，另一个成分是处于立场框架之内的相关命题。语法性居中的是助动词以及某些"名词+介词短语"结构。助动词已经并入主句，它们构成了立场所针对的命题的一部分，而介词短语是否总是表示一个命题是不确定的。语法性最低的是前置副词，因为它们已经成为短语的一部分，只能在局部范围内发挥作用，而不能针对整个命题报告一个立场。词汇手段也可以表达立场，这时言者的立场是从某个词汇项目上推测出来的。能够表达立场的词汇项目通常是形容词、主要动词，或者是名词。词汇手段可以直接表达说者的态度和感受，如"我喜欢那个电影"；也可以直接断言某人或者某事具有某个评价属性，如"那里的护士好极了"。他们还采用了基于语料库的研究方法统计了英语中最常见立场表达的词汇。英语中使用频率最高的表达立场的谓语形容词是 good、lovely、nice 和 right。这几个词常常表达对某个情景的积极感受，而该情景一般由一个代词来指称。英语中使用频率最高的表达立场的定语形容词是 bad、good、nice、right。这几个词主要表达对名词中心语的态度。英语中使用频率最高的表达立场的动词是 like、love、need、want，它们用于表达对于直接宾语的情感和态度。

语料库语言学研究立场的主要目的之一是发现立场标记与语篇的文体风格（或称语篇类型）之间的关系。Biber 和 Finegan（1988）归纳了英语中最常见的 6 类立场副词。在此基础上，他们描述了这 6 类立场副词在语篇中的使用模式，并且根据上述 6 类立场副词的使用情况区分出口语和书面语语篇的 8 种文体风格。Biber 和 Finegan（1989）进一步将动词、名词以及形容词立场标记纳入研究范围，区分了 6 种不同的文体风格；Conrad 和 Biber（2000）研究了会话语篇、学术语篇以及新闻报道语篇中最常使用的立场类型，以及它们所对应的典型副词标记。Precht（2003）也进行了这类研究，他比较了英语和美语会话在表达态度、情感以及确定性立场方面存在的系统差异。他发现不同文化中，立场表达的差异性往往不在于各种立场标记在语篇中所占的比重，而在于选择什么样的词汇来表达相同的立场。

Biber 等人的立场研究与评价系统的研究有很多相似之处。但是二者的区别也是明显的。Bednarek（2006）归纳了二者在以下 3 个方面的不同：第一，二者都涉及一些独特的内容不在对方的研究范围之内。比如，Biber 等人提出的文体立场一般不属于评价的研究范围；而评价中的一些表达方式也不是立场的研究对象，像介入系统中的对立关系（contrast）就不在立场的研究范围之内；第二，立场研究更注重语法体现手段，而评价更注重词汇体现手段；第三，Biber 等人的立场研究主要采用基于语料库的研究方法，而该方法仅部分地适用于评价研究。

语料库语言学的研究方法给评价研究以很多的启示。评价研究近期所取得的重要成果，尤其是对于评价句法模式的研究基本都离不开语料库的支持。但是 Biber 等人的立场研究也存在一定的问题。其中最主要的问题有两个：首先，Biber 等人没有对立场进行更详细的分类。他们只是在宏观上提出了边界相当模糊的 3 种立场，而对每种立场的组成、结构等都没有进一步的论述；其次，立场研究主要依赖于从大型语料库的检索中所获得的数据，但是对这些立场的具体应用解释不足。

2.1.3.4 评价研究

评价（evaluation）是情感意义研究的重要路径。评价视角下的情感意义研究认为情感意义是表达言者对其他参与者或话语内容的态度、观点的手段。最常见的评价性观点是"好"与"坏"、"赞成"与"反对"。在本小节，我们将主要讨论系统功能语言学框架下的评价研究。这类研究主要涉及两个方面：评价系统研究和评价系统指导下的语篇分析。

(1) 评价系统研究

评价系统是语言学领域最新的、最系统的从评价角度来研究情感意义的理论。评价系统是系统功能语言学的两个人际意义系统之一。20 世纪初，Martin 等学者正式提出了评价系统（Martin, 2000; Martin et al., 2005）。评价系统是讲话者（作者）用于表达和协商观点的意义潜势。言者在评价系统中选择意义对评价对象表达"赞扬或谴责""同意或反对""夸奖或批判""同情或怨恨"的观点（White, 2008）[568]。评价系统有 3 个组成部分：态度（attitude）、介入（engagement）和级差（graduation）。它们是 3 种不同类型的意义潜势。态度与人的感受相关，它又包含 3 个范畴：情感（affect）、判断（judgement）和鉴赏（appreciation）。情感是用于评价情感反应的意义潜势；判断是用于评价人的行为和品格的意义潜势；鉴赏是用于评价事物的意义潜势。态度是评价系统的核心，介入和级差对态度具有调节功能。在言者树立自己的态度立场的过程中，必然涉及其他言者的相关态度，介入的责任就是在语篇中限制或者容纳这些对立的或一致的声音。介入包含两个子系统：收缩（contract）与扩展（expand）。收缩是反对、挑战或压制其他声音的意义潜势；扩展是容纳、引发其他声音的意义潜势。被纳入态度系统的意义都是具有等级性的，因此表达态度离不开对态度等级的度量。级差的责任就是用于调配态度意义的程度。级差包括两个系统：语势（force）和聚焦（focus）。语势的责任是加强或减弱态度意义，聚焦的责任是锐化或柔化态度意义。

评价系统中的态度系统与本研究的关系最为密切。态度系统在以下两个方面促进了情感意义的研究：首先，态度系统在语言学领域将情感范畴化。所谓情感范畴化就是把人类的情感体验转化为有序的意义潜势[①]。态度的范畴化向来是评价系统研究中的一个重要议题，因为未经分类的态度只能作为粗糙的语篇分析工具（Martin, 2003）[174]，无法有效地满足语篇分析的需要。如前所述，态度系统对态度意义的分类是比较完善的。它在初级精密度阶上将态度意义分为情感、判断和鉴赏 3 个范畴，这 3 个范畴在更精密的级阶上都被进一步地范畴化了，如情感进一步包括 4 个子范畴：意愿性、愉悦性、安全性以及满意性。

[①] 根据系统功能语言学的观点，"范畴化是一个创造过程，它把我们的经历转化为意义，这意味着给现实的事物强加上次序，而不是给已有的次序加上名称"（Halliday et al., 1999）[68]。

范畴化了的态度虽然是语篇分析的有力工具，但是也是评价系统最饱受争议的地方。情感与鉴赏之间，鉴赏与判断之间，以及情感内部的子范畴之间的界线都存在不确定性。这经常使分析者感到无所适从（王振华等，2007）。为了解决上述问题，学者们提出了态度系统的修正方案。Bednarek（2008）采用了基于语料库的研究方法，在情感子系统中增加了"惊讶"范畴，她还调整了各种情感范畴所对应的典型情感的类型；刘世铸等（刘世铸，2006，2009；刘世铸等，2011）采用了同样的研究方法，将鉴赏纳入了评判的范畴之内。宋成方（2012）采用了实证研究的方法将情感意义进一步区分为10种类型。我们认为上述研究对评价系统的发展是有益的，但是在范畴的修正过程中应该坚持人际功能的尺度，不应该脱离语言的使用，或者照搬其他学科的分类。评价系统将语言视为社会符号系统，人们使用评价性的语言来表达观点的目的在于影响他人的态度和行为。态度的体现方式在每个语篇中都会有所不同，所以歧义是无法避免的。解决歧义最有效的办法是借助语境因素（Martin，2003，2005），而不能单纯依靠调整系统的范畴结构。这一点与本研究密切相关，因为本研究的主要目的之一就是解释如何通过情感与语境因素之间的配置方式来识别情感词所体现的态度范畴。

态度意义的体现方式也是评价系统的一个研究重点。Martin 和 White（2005）、Hood 和 Martin（2007）把态度意义的体现方式分为两大类：铭刻（inscribed）和引发（invoked）。其中铭刻直接使用指称态度的词汇来体现态度意义，引发则泛指各种间接的态度体现方式。引发进一步包含3种类型：激发（provoked）、旗示（flagged）和致使（afforded）。激发是通过隐喻手段来体现态度的方式；致使是由概念意义暗示性体现态度的方式；旗示的情况比较复杂，这时体现态度的词汇本身并不具有明显的评价意义，它们是在级差以及介入的作用下才具有了一定的态度意义。Bednarek（2009b）进一步扩大了态度间接体现手段的范围，并对这些手段进行了分类。她借鉴 Bakhtin（1973）和 Downes（2000）在文学和心理语言学领域的研究成果，在评价系统中也提出了"复调"（polyphony）的概念。Bednarek（2009b）总结了评价系统中的4种复调现象：融合评价（fused appraisals）、引发评价（invoked appraisals）、边界现象（border phenomena）和混合评价（appraisal blends）[①]。此外，Martin 和 Rose（2003：26）专门总结了态度系统中的情感范畴的典型体现方式，它们包括使用情感标签、描写与直接表达情感的行为和描写（指称）间接表明情感的反常行为。关于态度体现方式的研究极大地扩展了情感意义的研究范围。与其他语言学领域的情感研究相比，评价系统不再局限于情态等语法手段的研究，而是纳入了丰富的开放性的词

[①] 其中融合评价是指一个评价性词汇具有两个评价范畴的评价意义；引发评价指通过铭刻式方式体现了某个评价范畴的评价性词汇，却引发另一个评价范畴；边界现象是一个词项按照不同的标准可以归为不同的评价范畴；混合评价是一个词项同时体现两种同样重要的评价意义（Bednarek，2009b）[111]。

汇资源。但是对态度体现方式的研究还有待于进一步的深入，比如 Bednarek (2009b) 虽然较为系统地归纳了评价性词汇在语篇中同时体现多种评价意义的方式，但是却没有解释导致这类复调现象的原因，也没有分析同一个词汇所体现的两个评价性范畴具有哪些功能上的差异。从这个意义上讲，本书对评价层次性的研究为上述现象提供了一种解释方案。

(2) 评价系统指导下的语篇分析

评价系统的宗旨是为语篇分析服务。系统功能语言学的主要研究是在 3 个互补的维度上展开的，这 3 个维度是：体现化（realization）、实例化（instantiation）以及个体化（individuation）。评价系统指导下的语篇分析主要涉及其中的实例化维度和个体化维度。

首先看实例化维度。系统功能语言学认为语言系统和语篇实例之间是连续体的关系。如同气候与天气的关系一样，系统与语篇是同一语言现象的两个方面（Halliday，2008）[80]。系统与实例具有互补关系，它们之间的互补关系可以概括为：语篇是系统的实例，系统是语篇的潜势（Halliday，2008）[82]。从实例出发，某些语篇在意义选择上表现出相似性，研究者将具有相似语义特征的语篇归入同一语篇类型（text type）；从系统出发，情景语境的成分激活了语义系统的配置过程，同一种类型的情景语境将一组语义特征的选择前景化，这个由情景语境变量所决定的语义配置就称为语域（register）。从系统、语域、语篇类型到语篇实例构成了一个连续体。Martin 和 White（2005）提出从语言系统到语篇实例的连续体应该进一步延伸到阅读的层次，因为从不同角度阅读，语篇的含义是不同的（如图 2-1 所示）。

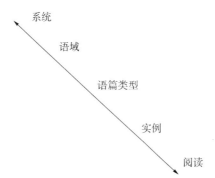

图 2-1　实例化过程：从系统到阅读（Martin et al.，2005）

以语言系统的实例化连续体参照，Martin 和 White（2005）进一步提出了评价的实例化连续体。评价意义可以区分出 5 个与语言系统的实例化连续体相对应的层次（见表 2-1）。实例化维度上的语篇分析常常通过评价意义的选择情况来判断语篇的基调和站位特征。Martin 等发现英语报纸中有 3 种基调：记者声音（reporter voice）、通讯员声音（correspondent voice）以及评论员声音（commentator voice）。其中的通讯员声音和评论员声音具有一定的相似性，它们共同称为作者声音（writer voice）。这 3 类基调所使用的评价意义的类型有较大差异（如图 2-2 所示）。柯芬（Coffin，2002）[525]在历史语篇也发现了 3 种类似的基调：记录者基调（recorder key）、阐释者基调（interpreter key）以及评判者基调（appraiser key）。站位是在基调基础上的更详细的分类。Martin 和 White（2005）发现，评论员基调内可以进一步分为谴责站位、批评兼辩解站位、挑战性站位等。

表 2-1　评价的实例化过程（Martin et al.，2005）[164]

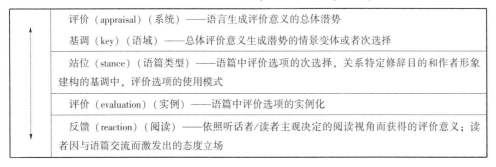

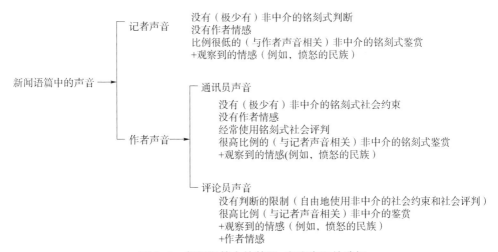

图 2-2　新闻语篇中的基调-态度意义的选择

再看个体化维度的研究。个体化是指"意义潜势在社会群组和个体之间的分布"（马丁等，2008）。在个体化维度上开展的评价研究最能反映评价意义建构社会关系的功能。Knight 论述了个体化概念的重要意义：

"个体化作为一个独立的维度使言者的社会符号学身份可以成为研究的焦点。（它）把语篇实例与语篇实例所生产的身份剥离开来。当聚焦个体（使用者）的时候,语篇的实例成了个体按照特定的社会价值系统将语言个性化的过程"(Kight,2010:38)。

评价研究在个体化维度上有以下代表性成果。Martin (2010)[2-34]全面、系统地阐述了个体化的内涵。Knight (2010) 研究了人们如何在幽默语篇中协商彼此之间的关系。他发现在社会交往中,参与者除了建立自己个体化的身份以外,还需要在彼此之间建立"亲和"(affiliation)关系。这样即使他们在某个意义上无法共享,也不会妨碍他们建立和保持融洽的关系,达成交际目的。Bednarek (2008,2010) 将语料库的研究方法引入个体化研究,她发现分析电视剧人物用于表达情感、态度以及意识形态的语言可以有效地反映出人物的个性特征。

在评价系统指导下的语篇分析研究取得了颇为丰硕的成果。至今,评价系统指导下的语篇分析已经涉及十多种语篇类型(见表2-2)。从语式特征上看,这些语篇可以分为3类:独白语篇,如叙事语篇、广告语篇、新闻语篇、历史语篇等;对话语篇,如辩论语篇、演讲语篇、投诉语篇;以及介于二者之间的互联网交流语篇,如脸谱、推特等。

表2-2 评价研究所涉及的语篇类型

语篇类型	研究成果
叙事	Macken-Horarik (2003)
威胁	Gale (2011)
广告	Pounds (2011)
新闻	Martin 和 White (2005)
	王振华 (2004)
	Pounds (2010)
历史	Coffin (1997)
学术	Hood (2004, 2010)
学术	Hyland (2005)
	赵永青等 (2012)
网络交流	Knight (2008)
	Bazarova (2013)
	Ho (2014)
	Zappavigna (2011)
投诉	Hood 和 Forey (2008)
文艺作品	Bednarek (2011)
语篇类型	研究成果
文艺作品	Bednarek (2012)
日常对话	Eggins 和 Slade (1997)
	Cortazz 等 (2000)
	Knight (2010)

在评价系统的框架下，评价意义的体现主要依赖词汇项目。所以评价系统指导下的语篇分析特别关注各种类型的评价在语篇中的频率和分布。以 Martin 和 White（2005）的研究为例，他们主要是通过各种评价意义的类型在语篇中出现的频率来确定新闻语篇的基调的。根据图 2-2，基调的确定主要取决于哪类态度意义在语篇中占据主导地位以及态度意义的体现方式。Eggins 和 Slade（1997）[137-143]提出分析对话语篇中的评价意义应该采取 4 个步骤：首先确定语篇中表达评价意义的词汇项目，然后按照评价范畴对这些项目进行归类，之后归纳语篇中的评价意义特征，最后对语篇的评价特征进行解释。

　　不能否认，从评价意义类型和数量入手确实能够非常有效地鉴别出很多语篇的基调和站位特征，但是其局限性也是比较明显的。Bednarek（2008）对这种语篇研究的方法提出了质疑：

　　"Martin 和 White（2005）[176-177]注意到作者鉴赏（authorial appreciation）的频率在记者声音的新闻语篇中为 0.9~6.3 每 500 词，在作者声音的新闻语篇中为 1.6~11.3 每 500 词。但是如果作者鉴赏在有些记者声音的新闻语篇中达到 6.3，而在有些作者声音的新闻语篇仅为 1.6 的话，那么这意味着，在记者声音的语篇具有比作者声音的语篇有更多的鉴赏意义。换言之，如果以鉴赏的频率作为区分语篇基调的标准，那么上述语篇基调应该发生改变，因为它们按照上述标准会被归入不同的集合"（Bednarek，2008）[209]。

　　Bednarek（2008）认为评价意义的频率是否能够做判断基调的依据是值得商榷的。此外，究竟哪些评价特征能够确定基调也值得进一步研究。从评价类型和数量出发的语篇分析方法比较适合基于语料库的研究，以及针对语篇整体的研究。而当语篇的数量较少，或者以语篇局部为分析对象的时候，这种方法的解释力就大大减弱了。更重要的是这种分析方法容易误导研究者，似乎只要确定了评价意义的类型以及在语篇中的分布情况，这些评价资源就会自动地指向一个功能。这种解释方式也许对于机构化特征比较明显的语篇类型是有效的，但是对于机构性不那么强的语篇，如日常会话、文学作品来说就未必适用了。

　　本小节我们综述了以系统功能语言学为代表的评价视角下的情感意义研究。上述研究的关注点在于情感意义的范畴化，以及如何通过各种类型的情感意义在语篇中的使用频率来进行语篇分析。其实情感具有多维度的特征，比如情感意义在效价（valence）、等级性、现实性等方面的特征。这些变量（或称"因素"）对情感意义在语篇中的功能具有重要影响。以下我们就对情感意义的相关变量的研究情况进行综述。

2.2 情感意义变量研究

从变量的角度来研究情感意义起源于心理学领域的维度分析法。维度分析法是用多样性的、程度性的尺度来测量和表征情感的方法。这种分析法能够凸显情感的动态性和梯度性特征（Caffi 和 Janney，1994）[338]。维度分析法对语言学领域的情感意义研究产生了重要的影响。在语言学领域，很多学科都提出了专门用于描写情感意义的变量，只是这些变量的名称在各个学科之间，甚至学科内部都不尽相同。它们在心理学语言学和认知语言学中被称为"维度"（dimension）（如 Osgood 等，1957；Nowlis 和 Nowlis，1956），在语料库语言学中被称为"范畴"（categories）（如 Hunston 和 Sinclair，2000）、"框架成分"（frame elements）（如 Framenet，http：//framenet.icsi.berkeley.edu/）、在评价研究中被称为"参数"（如 Hunston 和 Thompson，2000）、"因素"（factors）（Martin et al.，2005）或"语言变量"（linguistic variables）（如 Bednarek，2008）。在本研究中，我们将这些能够反映情感意义的语义特征及语境特征的意义统称为情感意义的变量。

因为本书是从评价视角出发的情感意义研究，所以我们将主要综述评价视角下的情感意义变量的研究。情感意义变量虽然一直没有被正式纳入评价研究的理论框架之内，但是它们在相关理论体系建构以及语篇分析实践中都发挥了非常重要的作用。下面我们首先介绍评价研究中所提出的主要情感意义变量，然后再阐述情感意义变量在语篇分析中的应用情况。

2.2.1 情感意义变量的提出

在评价研究中，情感意义变量经常被称为参数、因素或者语言变量。需要说明的是究竟有多少种情感意义变量目前尚无定论。这些变量的设定与研究的目的和性质有关。语篇分析中研究者可以只关注某些特定变量，也可以根据需要将某些变量进一步范畴化。目前情感意义变量总体上可以分为两类，一类变量以评价对象为取向，它们反映了评价对象的特征；另一类变量是以情感意义为中心的，它们反映了情感意义在情景语境中的使用特征。当然这两类变量之间的界限是无法绝对分清的，它们之间存在着大量的交叉。我们做出上述区分主要考虑的是变量在语篇分析中所发挥的功能。

首先看以评价对象为取向的变量。Thompson 和 Hunston（2000）认为无论采用何种术语，各种评价研究都是围绕着 4 个基本参数展开的。这 4 个评价参数是：价值（value）、确定性（certainty）、预期性（expectedness）、重要性（importance）；价值参数反映评价对象的"好"与"坏"、"积极"与"消极"；确定性参数一般体现为情态助词，它们反映话语内容的可信性；期待性参数反映话语信息的可接受性；重要性参数反映话语内容的信息地位。价值参数和确定性参数是"真实世界取向"的，它们表达了言者对于命题和实体的观点；而期待性和重要性参数是"语篇取向"的，它们是言者指引读者和听者理解语篇的手段（Thompson et al.，2000）[24]。汤普森和汉斯顿认为在上述4个参数中，最基本的是价值参数。因为其他3个参数都与价值相关，它们都可以进一步区分为好与坏，积极与消极。确定的、符合期待的、重要的一般就是"好"的，具有积极价值；反之不确定的、不符合期待的、不重要的就是"坏"的，具有消极价值。

Bednarek（2006）发展了Thompson等人的研究，她将评价参数从4项发展为9项。她保留了Thompson和Hunston（2000）提出的重要性参数，将预期性参数进一步分为预期性参数和可理解性（comprehensibility）参数，将确定性参数进一步分为可靠性参数和可证性参数。她还额外增加了4个参数：情感性（emotivity）、可能性与必要性（possibility/necessity）、心理状态（mental state）和风格（style）。

上述参数适用于所有的评价研究，它们代表了评价者可以对评价对象进行评价的主要方面。这些参数是以评价对象为取向的，不同的评价对象往往预示了不同参数的选择。与上述参数不同，在语料库语言学领域以及系统功能语言学领域，学者们还提出了另一类以情感意义为核心的变量。这些变量往往针对某一类情感意义，比如系统功能语言学的情感意义变量主要是针对态度系统中的情感范畴提出的。这些变量反映了情感意义在情景语境中的使用方式，比如某个情感词在表达态度的时候是否伴随了一定的行为，它在语境中是否有针对的触发物，它所体现的情感意义的强度，等等。

我们在2.1部分提到，为了建构情感意义的句法模式，语料库语言学家也提出了自己的情感意义变量。Hunston和Sinclair（2000）提出了6个评价参数：评价者（evaluator）、评价对象（thing evaluated）、评价语境（evaluative context）、评价反应（evaluative response）、评价范畴（evaluative category）以及链接语（hinge）。出于同样的目的，菲尔莫（Fillmore）主持的框架网络项目（Framenet, http://framenet.icsi.berkeley.edu/）中也涉及了描写情感意义的多种参数，如体验者（experiencer）、程度（degree）、目标（target）、载体（carrier）、主题（topic）等。

系统功能语言学家也提出了很多情感意义变量（见表2-3）。其中有两组比较完整，分别出现在Martin和White（2005）以及Bednarek（2008）的研究中。关于这两组变量的特点，我们将在理论框架部分做具体阐述。此外，White（2001），Martin和White（2005）[177]以及Bednarek（2008）从情感与言者关系的角度区分了"作者情感"（authorial）和"非作者情感"（non-authorial）。作者情感的体验者是言者，他们对话语直接负责，话语的评价对象往往是情感的触发物，而非作者情感的体验者是言者以外的其他人，这样言者作为一个事件的报道者，可以对情感的体验者和触发物进行双重评价。刘世铸（2006）还提出了评价的4个要素：评价者、被评价者、评价标准和价值。刘世铸（同上）认为它们构成了相互关联的统一体。彭宣维（2012）从评价者与言者关系的角度提出了描写语篇中评价者身份的区分维度，他把叙事语篇的评价者分为3类：隐含作者、叙述者和叙述对象。

表2-3　系统功能语言学领域提出的情感意义变量

相关研究	提出的变量
Martin 和 White（2005）	价值、行为、触发、等级、意向、类型
刘世铸（2006）	评价者、被评价者、评价标准、价值
Bednarek（2008）	情感者、触发物、情感类型、隐性-显性、价、否定、现实性、词性、言语行为
White（2001），Martin 和 White（2005）[177]，Bednarek（2008）	作者情感、非作者情感
彭宣维（2012）	隐含作者、叙述者和叙述对象

语言学领域提出情感意义变量的目的不是为了确定情感体验的类型，而是为了反映在更高级阶[①]的语言单位中，各种语言成分是如何围绕情感意义组织在一起的。以 Hunston 和 Sinclair（2000）为例，她们总结了6种评价性形容词的句法模式。表面上看这些模式与其他句法模式无异，但在更深层次上，它们是情感意义变量的结构模式，因为这些模式的每个结构成分在更深层上都对应着特定的情感意义变量（见表2-4）。

表2-4　评价句法模式与深层情感意义变量之间的对应关系
（Hunston et al., 2000）[89]

评价者 名词词组	链接语 系词	评价性反应 形容词词组	评价对象 that 从句
he	was	very angry	that she had spoken to people about their private affairs
I	'm	fairly certain	he is American.
Doctors	were	optimistic	that he would make a full recovery.
He	is	adamant	that he does not want to enter politics

注：黑体和加粗为作者所加。其中黑体部分是情感意义的句法模式，而加粗部分是其所对应的情感意义变量。

---

① 级阶（rank）是系统功能语言学的术语。按照自下而上的顺序，语言中的主要级阶包括词素、词、词组/短语以及小句。上一级阶的单位由邻近的下一级阶组成，同时上一级阶的功能也由下一级阶来体现。比如小句不但由词组和短语组成，而且小句的功能也由它们所体现（Matthiessen，2010）[170]。

可见，情感意义与其变量之间的相互关系为句法模式提供了深层动力。属于不同词类的成分因为它们相对于情感意义的功能而被配置在了一起。有了功能性的配置，我们才能抽象出各种各样的情感句法模式。情感意义变量不但在小句中有效，在语篇中也同样有效。当我们知道了某个情感意义相关变量的信息，就相当于知道了该情感意义在相应语言单位中的影响范围和影响方式。下面我们将对情感意义变量在语篇分析中的应用进行综述。

2.2.2 情感意义变量在语篇分析中的应用

我们在 2.1.3 部分介绍了在语篇视角下展开的情感意义研究。2.1.3 部分所涉及的研究主要关注承载情感意义的语言成分本身，而很少考虑到与情感意义密切相关的各种变量。大多数以评价系统为指导的语篇分析都将研究的重点放在情感意义的类型和数量上。但是这样的语篇分析方法是有局限性的。在没有大型语料库支持的语篇分析中，或者在分析文学作品、语篇片段的时候，单纯地考虑情感意义的类型和数量所得到的分析结果是难以令人信服的。还有一种语篇分析的方法，它综合考虑了情感意义与相关变量之间的关系。下面我们就来介绍采用这种方法的语篇研究。

Thetela（1997）根据评价对象在学术语篇中的不同地位区分了"研究取向的评价"（research oriented evaluation）和"话题取向的评价"（topic oriented evalution）。研究取向的评价是关乎语篇全局的评价。这个层次的评价反映了作者与研究者——读者之间的对话，作者与读者协商应该从何种视角判断自己所做的研究。在研究取向的评价中，研究本身是评价对象。具体地说，这个层次的评价对象包括研究的话题、方法以及发现。尽管研究者的学科和领域不同，但是不同学科之间对上述评价对象的评价范畴却并没有太大的差异，都涉及有用性、重要性、控制性、可能性 4 个方面。话题取向的评价是语篇中局部的、低层次的评价，它为全局性评价奠定了基础。在话题取向的评价中，研究所涉及的事物是评价对象。因为学者的研究对象千差万别，所以这个层次的评价涉及了众多价值体系，我们难以对这些评价进行范畴化。

彭宣维（2009，2010）提出文学语篇中有两种不同评价者身份：叙述者和作者。作为叙述者的评价者所做的评价体现为语篇中实际呈现的评价性语言。在这个评价层次上，研究者看到的是语篇中不同范畴的情感意义组成了具有评价功能的链条，如情感链、意愿链、判断链等。这些链条构成相互联系的整体——态度网络。此外文学语篇中还有另一个评价层次，即作为作者的评价者所做的评价。这个层次的评价与前一个层次的评价相比是隐性的，两个层次的评价既有重合也有分离的情况。基于评价者身份的差异，研究者也应该采取两个视角来解读语篇的意义。对于叙述者评价来说，研究者应该采取前景化的视角进行分析；对于作者评价来说，研究者应该采取动机的视角进行分析。因为前景化视角的分析能够解释语篇表层的评价意义，但是对于诗歌、小说等文学语篇来说只分析表层的评价资源是不够的，研究者还应该更深入地挖掘蕴含在语篇表层意义之下的实际意图。这时研究者就需要采用"动机"的视角。动机也就是言者真实的作者意图，它是态度网络发展的决定性力量。表层评价意义是受深层的作者意图驱动的。这就使研究者免于迷失在表层评价意义构成的态度网络中。

根据评价对象以及评价者对评价层次进行划分，可以极大地深化研究者对评价的认识。评价具有复杂性、多层次性。从不同的评价视角看，评价对象以及评价对象所获得的评价性意义都可能与语篇表层的评价呈现不同。换言之，单纯考虑评价范畴和数量的语篇分析是不可取的。

Bednarek（2008，2009c）论述了作者情感和非作者情感对于评价意义的影响。如前所述，当言者与情感体验者具有同指关系的时候，相关的情感意义被称为作者情感（authorial affect）；当二者不同指的时候，相关的情感意义被称为非作者情感（non-authorial affect）。作者情感和非作者情感对评价意义的影响可以通过图2-3和图2-4来体现。

图2-3　作者情感（Bednarek，2008）[158]

图2-4　非作者情感（Bednarek，2008）[158]

当言者在对话中采用了作者情感的时候（图2-3），听者一般会认为情感意义的评价对象是情感的触发物。也就是说当言者说"我羡慕语言学家"的时候，听者通常会认为言者是想通过"羡慕"这个评价性的情感词来向情感词的触发物（语言学家）做出的正面评价。但是当言者采用非作者情感的时候（图2-4），情感者和触发物都是潜在的评价对象。以图2-4为例，当言者说"他羡慕语言学家"的时候，他只是在将一个对触发物的正面评价归于一个情感的体验者。但是言者并没有声明他本人是否赞同这样的评价。这时该话语就可能有两种理解方式。当言者个人对语言学家的职业持积极态度的时候，那么"他羡慕语言学家"就对情感的体验者"他"以及触发物"语言学家"都具有正面的评价的功能；反之，如果讲话者个人对语言学家的职业持消极态度的时候，那么"他羡慕语言学家"就对情感者实施了负面的评价。

上述研究表明，在语篇层面的情感意义研究中，仅仅考察体现情感意义的语言成分本身是不够的。当研究者将不同的情感意义变量纳入研究的范围之内后，他们将能够更深入地领会言者的意图。这对于解释情感意义与其在语篇中所发挥的功能之间的关系都是十分必要的。

2.3 现有研究中存在的问题

以上我们梳理了语言学领域的情感意义研究以及情感意义变量研究。情感意义研究表明，情感可以突破个体心理体验的疆域，对交际事件产生影响。在语言学领域，情感意义的内涵和范围不同于心理学领域。情感意义既不必与情感体验相一致，也不等同于心理学所划分的基本情感。语言学领域的情感意义研究可以采取多种视角，研究情感意义的多个方面。与情感意义密切相关的是情感意义变量。目前，情感意义变量的数量和类型还没有定论，情感意义变量的设定取决于研究的目的和性质。情感意义变量对于语篇分析的作用可以归纳为 3 点：第一，有利于识别语篇中的情感意义范畴；第二，有利于建立情感的局部语法模式；第三，有利于解释情感意义与其所发挥的人际功能的关系。

通过对情感意义研究以及情感意义变量研究的梳理，我们发现语言学领域的情感研究还存在以下不足：

首先，大部分语篇层面的情感意义研究只关注体现情感意义的语言成分本身，而很少考虑与情感意义密切相关的变量。在情感意义的句法研究中，研究者根据这些情感意义的变量配置成功地建构了情感意义的句法模式。但是在语篇层面的情感意义研究中，除了情感意义的类型和效价变量受到了较多的关注以外，其他的情感意义变量很少成为研究者关注的对象。尽管 Thetela（1997）、彭宣维（2009，2010）、Bednarek（2008，2009 c）的研究都证明了情感意义变量对于语篇分析具有不容忽视的重要意义。

其次，语篇分析的方法单一，解释力不足。研究者倾向于用情感意义的类型在语篇中的比例和分布特征来解释它们所发挥的功能。因为这种阐释角度以识别态度意义的范畴为基础，所以研究者大多将注意力集中到态度范畴的识别上。但是态度范畴的选择往往与评价对象、评价者、文体风格、言者的目的等诸多因素相关，单纯从数量和分布特征来预测或解释语篇的人际功能是片面的。从评价视角看，语篇中的情感意义往往同时在多个层次上发挥着评价功能。情感意义的数量和比例只能反映语篇表层的评价，而语篇在更深层次上的评价与表层评价既可以保持一致，亦可以发生偏离，因此研究者要对语篇进行深度解读就必须充分考虑相关情感意义变量的影响。

最后，以评价系统为指导的语篇分析大部分只涉及独白类语篇而忽视了对话类语篇。但是两种语篇类型存在着诸多差异，我们不能够草率地用一种语篇类型的研究来代替另外一种。

2.4 小　　结

　　本章综述了语言学领域的情感意义以及情感意义变量的相关研究。我们回顾了各种研究路径的主要观点和发现并指出其优点和不足。上述研究给我们的启示是语篇层面的情感意义研究存在一个亟待解决的问题：情感意义与情感意义变量之间的关系问题。情感意义变量决定了情感意义在语篇中的影响范围和影响方式，而目前真正将情感意义变量因素纳入语篇分析的研究还是凤毛麟角。为了改善上述状况，本书确立了核心议题，即情感意义与一组特殊的情感意义变量——语境变量的系统配置关系。回答这个问题有利于弥补现有情感意义研究中的不足，更充分地解释情感意义与其人际功能之间的关系并完善系统功能语言学领域的评价系统理论。

第3章 理论框架

与其他评价资源相比,情感意义具有多维度的特点。这些维度反映了情感意义的语义和语境特征。本书将这些能够反映情感意义的语义和语境特征的意义维度统称为情感意义变量。我们在绪论部分已经阐明情感意义变量决定了相关情感意义发挥人际功能的范围和方式。因此,它们在情感意义研究中理应具有重要地位,但是现有的研究却忽视了大多数情感意义变量。相关理论框架基本不包含这些变量,即使包含了个别变量,也不考虑它们对情感意义能够发挥某种人际功能的贡献。本章的主要任务是回答本书的第一个研究问题,具体包括两个小问题:①情感意义与其语境变量之间具有怎样的关系?②它们之间具有何种配置方式?对于第一个小问题,我们将在理论背景中的关键概念部分予以阐述;对于第二个小问题,我们将通过建构情感意义与语境变量配置方式系统的方式来予以回答。

3.1 理论背景

本研究是系统功能语言学框架下的情感意义研究。本书的理论基础是 Martin 等人提出的评价系统中的态度子系统(attitude)(Martin et al., 2005)。此外,我们还借鉴了以往学者关于情感意义变量以及评价层次性研究的相关成果。本节的主要目的是为建构情感意义与语境变量配置方式系统提供理论支持。另外,在关键概念部分,我们还在讨论以往研究的过程中回答了第一个研究问题的第一个子问题,即情感意义与其语境变量之间的关系问题。

3.1.1 态度系统

3.1.1.1 概述

态度系统是评价系统的核心组成部分,因此要充分理解态度系统的内涵,我们必须首先对评价系统的概貌有所了解。评价系统(appraisal)是专门研究语言评价功能的系统。Martin 和 White(2005)[1]是这样界定评价系统的:

"评价系统是语篇中的人际意义,它反映了作者/说者对于交际内容和其他交际参与者的所采取的立场，比如是赞成还是反对，是热忱还是厌恶，是称赞还是批判，与此同时他们也将读者/听者置于了相同的过程中"（Martin et al., 2005）[1]。

可见，评价系统是语篇中表明立场的语言资源，而言者表明立场的目的是要影响读者或听者的观点、态度。评价系统包含三个子系统：态度（attitude）、介入（engagement）和级差（graduation）。态度是"作者或讲话者通过指称情感反应或者是文化体系中的价值系统来向其他参与者或过程赋予主体间性价值或评价"的意义资源（White, 2001）[6]；介入是通过识解观点的来源来表明言者个人立场的意义资源（Martin, 2005）；级差是用于调配程度的意义资源，包括对意义的加强或减弱，锐化或柔化（Martin, 2005）[135]。态度是评价的中心，级差和介入负责调整它的强度及与言者的距离。

3.1.1.2 态度系统的构成

态度系统是与言者的感受相关的意义潜势。根据评价意义所参照的标准以及评价对象的差异，态度系统包含3个子系统：情感（affect）、判断（judgment）和鉴赏（appreciation）（如图3-1所示）。情感参照心理学的评价标准，它的评价对象是人的情感反应，情感用于评价事物和过程对体验者造成的情感冲击；判断参照社会学和伦理学的评价标准，它的评价对象是人物的行为和品格，判断评价它们多大程度上符合或者违背社会伦理的标准；鉴赏参照美学的评价标准，它的评价对象是事物，包括符号现象和自然现象，鉴赏评价它们在何种意义上满足或者破坏了人们的审美需求。在这3个范畴中，情感处于核心地位，因为无论哪种评价都会使评价者产生情感波动，情感的变化是各种评价的基础动力。正因为如此，Martin和White（2005）[45]特别指出判断和鉴赏都是体制化的情感。

情感、判断和鉴赏都可以进一步区分为更精密的范畴。情感进一步分为意愿性（inclination）、愉悦性（happiness）、安全性（security）以及满意性（satisfaction）。意愿性评价情感体验者（emoter，以下简称"体验者"）对事物或事件的态度是主动向往，还是被迫承受；愉悦性评价体验者的情感状态是高兴还是伤心；安全性评价体验者的心理状态是充满信心，还是感到焦虑；满意性评价体验者对于自己和他人的行为表现是兴致高昂，还是感到厌倦（Martin, 2005）[42]。每个情感范畴还包含若干典型的情感，如愉悦性的典型情感是高兴、爱慕、痛苦、厌恶，安全性的典型情感是自信、信任、不安、惊讶，等等。

判断可以进一步分为社会评判和社会约束。社会评判指相关社会团体对被评判的个体的贬低或赏识。社会评判包含3个范畴，态势性（normality）、能力性（capacity）和可靠性（tenacity）。态势性评价人的行为或性格是否合乎常规的期望，能力性评价一个人是否具有令人钦佩的才能，可靠性评价一个人是否坚韧可靠。社会约束是从社会道德的角度对人的行为表示赞赏或谴责，具体包括两个范畴，真诚性（veracity）和恰当性（propriety）。真诚性评价一个人是否诚实，恰当性评价一个人是否无可指责。Martin 等学者还将社会评判和社会约束分别称为"私德"（personal）和"公德"（moral）。对私德的正面评价是"赞美"（admire），负面评价是"批评"（criticize）；对公德的正面评价是"表扬"（praise），负面评价是"谴责"（condemn）（Martin et al., 2003）[32-37]。赞美、批评、表扬、谴责都是情感意义在话步层面发挥的功能。从 Martin 等人的表述来看，他们倾向于认为情感意义的类型与其发挥的人际功能具有对应的关系。这种观点反映了以往评价系统研究者对评价的基本认识。正是在这种观点的影响下，以评价系统为指导的语篇分析将研究的重心放在了情感意义范畴的识别上。本书研究的贡献之一是证明了这样的观点是不可取的（详见下文关于评价层次的介绍）。

鉴赏进一步分为反应性（reaction）、构成性（composition）和估值性（valuation）。反应性评价事物的品质是否打动人或者让人喜欢，构成性评价事物的结构是否和谐一致或者难以理解，估值性评价事物是否值得珍视。

以上我们介绍了态度系统的构成。态度系统的 3 个范畴之间也是密切相关的，下面我们将简要地阐述三个范畴之间的关系。

第一，范畴之间是合取关系。系统网络中的"｜"表示合取关系，而"［"表示析取关系。图 3-1 中，Martin 等使用了介于二者之间的方形大括号"｛"。Martin 本人这样解释这种表征形式①：虽然一个评价性成分通常只属于一个范畴，但是语篇或语篇片段会含有很多评价性成分，这些评价性成分属于不同的态度范畴。本书认为这个解释只是问题的半个答案，另外的半个答案应该是，单个的评价性成分在情景语境中也可能属于两个以上的范畴。正如很多学者所指出的，在情感和鉴赏之间，以及鉴赏和判断之间都存在着大量的交叉现象（Bednarek，2009b；姜望琪，2011；刘世铸，2006 等）。Martin（2003，2005）也多次强调确定评价性成分的范畴需要依靠语境。宋成方（2012）指出情感范畴之间应该具有拓扑学的关系，而不是类型学的关系。在系统构成中我们已经介绍过，这三个范畴都具有情感内核，判断和鉴赏在本质上都是机构化的情感。这样看来，一个评价成分发挥两个范畴的功能在理论上是不存在任何问题的。在实践中很多研究者提出，对那些范畴含糊的评价成分应该采取"双标"（double label）的策略。有些学者还将这种现象进一步系统化，对 Martin 等人的观点进行补充和修正（如 Bednarek，2009b 等）。

---

① 在 2011 年南京师范大学举办的系统功能语言学习周期间，作者本人曾就该表征方式的含义问题请教 Martin 本人。

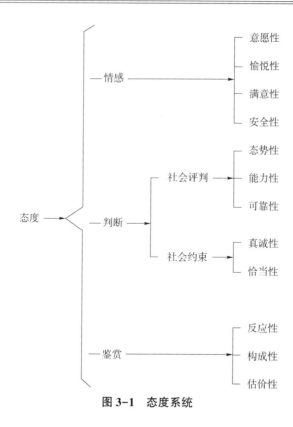

图 3-1　态度系统

态度系统各个范畴之间的关系对我们的启示是同一种情感意义在不同的情景语境中可以发挥多种范畴的评价功能。当且仅当情感意义用于评价人的情感反应的时候，它才属于情感范畴。如果评价对象改变了，情感意义所属的范畴也会发生相应的变化。当情感意义评价人的性格或行为时，它实际上发挥了判断功能，应该属于判断范畴；当情感意义评价事物时，它实际上发挥了鉴赏功能，应该属于鉴赏范畴。情感意义之所以能够发挥 3 个范畴的评价功能，是因为态度系统的 3 个范畴都蕴含了情感内核。没有完全脱离情感的判断和鉴赏，情感的变化是各种评价的基础和动力，判断和鉴赏在本质上是体制化了的情感（Martin et al.，2005）。

第二，范畴之间存在共性。共性主要体现在两个方面：一方面是 3 个范畴都具有的情感内核。这一点我们已经多次提到，这里就不再重复。另一方面是 3 个范畴之间还具有一些共同的维度，它们是：效价（valence）、评价者（appraiser）和评价对象（appraised）。换言之，每个评价范畴的意义都有积极和消极之分，每个评价成分在语境中也都能够找到自己的评价者和评价对象。评价成分在这些维度上的取值情况与它所发挥的功能密切相关。我们将在下面的 3.1.2 部分对这些维度做进一步的介绍。

3.1.2 关键概念

3.1.2.1 情感意义变量

情感意义是多维度的,这些维度反映了情感意义在使用过程中的一些重要语义或语境特征。我们将这些意义维度称为情感意义变量。在本书的文献综述部分,我们介绍了语言学领域提出的主要的情感意义变量,并指出情感意义变量的类型和数量都没有定论。研究者可以根据研究的目的自主提出某些变量,还可以选择将哪些变量作为研究对象。据此,本书选择将一组反映情感意义语境特征的变量,即语境变量,作为研究的对象。

在本小节,我们首先介绍系统功能语言学领域提出的主要情感意义变量,并对其做概括性介绍,然后着重阐述语境变量的内涵、取值以及情感意义与语境变量之间的相互关系。

在文献综述部分我们提到系统功能语言学在情感研究中提出了不少重要的情感意义变量,其中有两套比较完整:一套由 Martin 和 White(2005)提出,用于区分情感系统的内部范畴,另一套由 Bednarek(2008)提出,用于总结情感词的语法模式。情感意义变量在上述研究中分别被称为"因素"(factors)和"语言变量"(linguistic variables)。我们将这两套变量对比如下:

表 3-1 和表 3-2 中有一些变量的内涵差异不大,它们是:价值因素—效价变量,触发因素—触发物变量,意向因素—假想性变量,类型因素—情感类型变量。出于行文简洁的目的,以下我们仅保留 Bednarek(2008)的变量名称。两个表格中都有一些特有的情感意义变量。表 3-1 特有的变量是行为因素和等级因素。表 3-2 特有的变量是隐性-显性变量、否定变量、词性变量和言语行为变量。总体上看,表 3-1 和表 3-2 中的情感意义变量可以分为 3 大类:

体验变量:情感类型、等级、效价;
语言变量:隐性-显性、否定、假设性、词性、言语行为;
语境变量:触发物、体验者、情感行为[①]。

首先看体验变量。体验变量包括情感类型、等级和效价。它们与心理学领域的情感维度相关。情感类型包括意愿性、愉悦性、安全性和满意性,它们与情感的体验特征相关;等级分为低级、中级和高级,它们与情感的强度相关,类似于心理学中的主动性维度(activity)和动量性维度(potency);效价分为积极和消

---

① 为了避免歧义,我们将 Martin 和 White(2005)提出的行为变量称为"情感行为",专指由情感所导致的行为。

极，与情感体验的愉悦性相关，类似于心理学研究中的评价维度（evaluation[①]）。体验变量的取值一般已经蕴含在情感词当中，无须从语境中寻找。这并不是说它们是情感词稳定不变的语义特征，而是因为在特定的文化语境中，它们的取值已经规约化了。现有的情感意义研究比较重视体验变量，尤其是效价变量和类型变量，大多数评价系统指导下的语篇分析都会考察情感意义在这两个方面的特征。

表 3-1　Martin 和 White（2005）所采用的情感意义变量

变量	含义
价值	情感在某个特定的文化语境中是积极的还是消极的
行为	情感是否诉诸语言以外的行为
触发	情感有无明确针对的触发物
等级	情感强度的高、中、低取值
意向	情感所反映的体验者的意图性，即对相应的触发物是主动向往还是被动接受
类型	情感在情感系统次范畴中的归属情况：愉悦性、满意性、安全性

表 3-2　Bednarek（2008）采用的情感意义变量

变量	含义
情感者	情感反应的经历者
触发物	引起情感反应的原因；通过情感反应所评价的对象，情感的起因、目标
情感类型	情感的次范畴
隐性-显性	情感反应的表达方式是直接的还是间接的
效价	情感在特定文化语境中是积极、中立还是消极
否定	情感是否采用了否定的形式
现实性	情感体验与交际事件的时间关系：在交际事件中情感被描述为现实（过去的经历、正在经历），还是预测的或者只是假想的（在可能世界中）
词性	情感的语法功能
言语行为	情感的存在是否被质疑

再看语言变量。语言变量包括隐性-显性、否定、假设性、词性和言语行为。它们与情感意义的体现形式密切相关。隐性-显性变量（covert-overt）有两种取值：隐性情感和显性情感。隐性情感指情感意义被识解为抽象的事物或事件，而不凸现情感的体验者。隐性情感在英语中尤其常见，如"It was a lovely surprise"（"这真是一个可爱的惊喜"），其中的 surprise（"惊喜"）本身指称一个事件。这个小句虽然没有将情感意义直接识解为某个人的情感反应，却间接地暗示了体验者的情感（Bednarek，2008）[90-95]。显性情感指情感意义直接被识解为体验者的

[①] 此处的评价是心理学中用于描写情感的维度，不是语言学中的评价（evaluation）或评价（appraisal）。关于心理学中各个维度的含义参见 Caffi 和 Janney（1994）的研究。

属性，如英语小句"I was surprised"（"我感到惊讶"）。隐性情感和显性情感的主要差异在于情感的体验者在语言的使用中是否被前景化了。否定变量（negation）的取值有两种情况，否定和零否定。判断否定变量的取值主要依据情感意义是否处于某个否定语法标记的辖域之内。汉语中典型的否定语法标记是否定副词"不""别""没""没有""非""甭""勿""莫""不必""不曾""未曾""未尝""无须""毋须""毋庸"等（张斌，2010：162）。在大多数情况下，言者倾向于采用情感意义的肯定形式，此时否定变量的取值为零否定。假想性变量（hypotheticality）① 有 3 种取值：假想（hypothetical）、将然（future）和实然（real）。张斌（2010）认为它们分别代表被道义和动力情态所修饰的情感、将要发生的情感以及过去经历的或正在经历着的情感。假想性主要有两种体现手段：纯词汇手段（无语法标记的形式）和词汇-语法手段（有语法标记的形式）前者体现为时间词和光杆动词，如"昨天+休息""明天+休息"，后者体现为汉语中的各种体标记，如"着""了""过"（张斌，2010：770）。词性变量中最常见的取值是形容词、动词和名。言语行为变量在这里专门指对情感的存在是否有疑问，如"你爱我吗？"（参见 Bednarek，2008）。上述语言变量之间不存在明显的相互关联，它们分别负责情感意义的不同方面。但是它们与情感意义的合理配置有利于实施言者的交际意图。Bednarek（2008，2009a）阐述了语言变量中的显性情感和隐性情感的含义和句法模式，但其他语言变量则一直处于被忽视的状况。

最后我们重点介绍与本书关系最为密切的语境变量。弗斯（Firth）是首个对语境变量进行分类的语言学家（朱永生，2005）。他认为情景语境由一些彼此相关的抽象范畴组成（Firth，1950）。这些抽象范畴可以分为 3 类：关于参与者的特征、相关事物以及言语活动所产生的影响。"个性"（personality）是参与者特征中的重要因素，它"生于自然，长于培育"（Firth，1950）[9]。所谓"生于自然"是指人的个性离不开种族、遗传等自然因素；所谓"长于培育"是指个性在个体社会化的过程中得到发展，每个社会成员的个性联系着个人和社会的过去、现在和未来。所以弗斯主张，个性的研究不但要看到个体间的差异，更要关注群体对个性的影响。本书所研究的语境变量是个性的一部分，它们具体包括情感的体验者、触发物和情感行为。这些变量在交际中的取值一方面与参与者个人有关，因为毕竟情感是一种私人的体验；但是另一方面它们的取值主要是还是由社会因素决定的，是言者在交际过程中用语言建构出来的；后者是本书进行情感意义分析的重要假设。换言之，言者通过表达和谈论情感来参与社会活动，他们会主动地根据交际目来建构和配置相关变量。情感意义的语境变量与其他类型的情景语境变量一样，以其在交际事件中的重复性为基础。这种重复性使它们成

---

① 语言学界更认可的术语是现实性（reality）。

为语言事件的"图式建构"(shematic construct),当我们一提及某种类型的情感意义与其语境变量的配置时,文化语境中的成员会自然想到相关的典型交际事件、参与者以及交际目的。

下面我们来介绍情感意义语境变量的内涵、取值方式,以及它们与情感意义的关系。体验者是情感反应的经历者,体验者一般是有生命的人。触发物的情况比较复杂。触发物是一个统称,它包括引发情感的原因、通过情感反应所评价的对象以及情感所针对的目标。常规意义上讲,触发物应该是抽象的行为、事件或事物。但是它们都具有自己的责任者,即行为有自己的实施者,事件一般都是关于某个人的,事物也有自己的属有者。我们可以将触发物的责任者称为触发者(elicitors[①])。在语言的使用过程中,触发物和触发者是密不可分的,它们彼此之间常具有转喻(metonymy)关系。例如,在小句"妈妈生我的气了"中,"我"被识解为情感的触发物。但实际上"我"只是触发物的责任者,而真正引发情感的应该是"我"所实施的行为,或者是关于"我"的事件、事物。鉴于触发物和触发者这种密不可分的关系,我们在本研究中不对二者进行严格区分,只将它们统称为"触发物"。情感行为指那些用于表达情感的行为。情感行为分为两类,一类与情感具有规约性的关联。比如"哭"的行为与"伤心"的情感之间,"笑"的行为与"高兴"的情感之间就具有这种规约式的关系。这类情感行为的特点是,我们只要一提起行为,人们就会想到与它相关的情感。另一类情感行为也是由情感所致,但是它们与情感之间不存在规约性的关联。行为和情感之间的因果关系是根据语境信息推测出来的,有的时候甚至是建构出来的。例如:

(1)(阿超喜欢雨鹃,得知雨鹃不嫁给郑老板了非常高兴)

阿超还在那儿劈柴,一面劈,一面情不自禁地傻笑。她(雨鹃)站住,瞅着他。"人家生气,都关着房门生闷气。**你生气,劈了一夜的柴,闹得要死!人家高兴,总会说几句好听的,你又在这儿劈柴,还是闹得要死!**你怎么跟别人都不一样?"她问。

——《苍天有泪》

例(1)中,言者(雨鹃)将阿超"劈柴"的行为识解为由两种情感导致的情感行为。"高兴"和"生气"是两种完全对立的情感,它们与"劈柴"之间不具备任何规约性的联系。该行为之所以能够充当两种对立情感的情感行为,源于两方面的原因:一是根据故事的语境信息,阿超劈柴的行为确实与这两种情感都相关;二是言者的主观建构。如果言者换成其他人,他很可能将劈柴识解为表达其他情感的行为,比如他可能认为行为者劈柴是为了表达"兴奋"或"激动"的情感。但是对于规约式的情感行为来说,情况就不是这样的。无论言者是谁,他们基本上都会将"哭"与"伤心"的情感相联系,"笑"与"高兴"的情感相

---

① Bednarek(2009a)使用引发者(elicitor)这一术语来指称施事触发行为的人。

联系，除非有极特殊的语境。

与体验变量不同，语境变量的取值不在情感意义本身，而是存在于语境当中。在对话语篇中，这3个语境变量经常与交际事件中的参与者相对应。交际中参与者可以分成3类：言者、听者和第三方。言者是当前话步的发出者，听者是言者讲话的对象，第三方是言者话语所涉及的人。在对话中，无论情感的体验者和触发者在语境中具有何种具体身份，他们都对应于这3类参与者中的一类。情感行为的实施者与情感的体验者对应同一个参与者。

语境变量之间具有密切的关系，具体地说就是共现关系及因果关系。卢莹在对情感形容词的研究过程中发现，"情感形容词在语用上具有语篇连接功能。这是由人的情感产生机制所决定的，一种情感的产生必然有一定的原因，而情感产生后又往往伴随着某种具体的行为以体现出这种情感。具体到话语中，正常语序应当是：说明情感产生的语句—表达情感的语句—表现情感的外在的具体行为的语句"（卢莹，2006）[1]。

卢莹所说的"说明情感产生的语句"与情感的触发物相对应，"表现情感的外在的具体行为"与情感行为相对应，而"表达情感的语句"就是含有情感意义的小句。虽然这段话旨在论述情感意义的语篇功能，但它却反映了语境变量的一个重要特征，即它们在语篇中并非彼此独立，而是协同运作的。

赵春利和石定栩（2011）[20]在句法层面研究了状位情感形容词与述位动词这个特殊的句法结构。他们发现状位情感形容词与述位动词结构之间可以形成3种语义关系：果因、因果和并行关系（见表3-3）。

表3-3 状位情感形容词与述位动词结构的语义关系

语义关系	实例
果因关系	①我欣喜地遇见了那么多优秀的、上进的同学。 ②你会惊喜地碰到米粒般甚至绿豆大小、半透明、光亮润泽的珍珠。
因果关系	③他恐惧地哆嗦起来。 ④泰斯满意地点了点头。
并行关系	⑤致庸失望地看了他半晌。 ⑥小伍兴奋地讲个不停。

表3-3所涉及的动词结构反映了情感意义与触发物变量和情感行为变量共现的特征。①和②中的"遇见了那么多优秀的、上进的同学"以及"碰到米粒般甚至绿豆大小、半透明、光亮润泽的珍珠"分别是"欣喜"和"惊喜"的触发物。③和④中的"哆嗦起来"和"点了点头"分别是"恐惧"和"满意"的情感行为。⑤和⑥中的"看了他半晌"和"兴奋地讲个不停"分别是"失望"和"兴奋"的情感行为。因果关系中的情感行为更接近于归约性的情感行为，而并行关系中的情感行为更接近于非规约性的情感行为。情感意义和语境变量之间不只是

共现的关系，表3-3中所总结的情感意义的语义关系都表明这些语境变量和情感意义之间具有内在的因果关系。果因关系和因果关系自不必说，并行关系实际上也是一种因果关系，⑤和⑥中的"看了他半晌"和"兴奋地讲个不停"都是因为体验者有了"失望"和"兴奋"的情感才实施的行为。赵春利和石定栩还发现，除了状位情感形容词与述位动词这个结构以外，情感词和动词触发物或动词情感行为之间也可以是非毗邻同现。如"安娜平白失去一个好机会，她十分苦恼"中，"苦恼"与她的触发物就分别出现在两个小句中。

卢莹和赵春利等人的研究虽然没有提到情感的体验者变量，但是我们知道情感是不能脱离体验者存在的。在表3-3每个实例中的情感意义都有自己的情感体验者，"我""你""他""泰斯""致庸"和"小伍"都是情感的体验者。没有体验者的情感是令人难以理解的，因为"述人"性是情感意义的基本特征之一（宋成方，2012）。

上述研究表明情感词的语境变量在语篇中具有共现的倾向，而且触发物与情感意义、情感意义与情感行为之间存在着内在的因果关系。我们可以将它们之间的因果关系表征为："触发物→情感→情感行为"。也就是说，触发物是情感的原因，情感是情感行为的原因。这种因果关系在交际中发挥着重要的作用。Bednarek（2008，2009a）发现参与者往往使用情感意义来引发对方的行为，或者为自己的行为进行辩护和解释。

需要说明的是，我们所说的共现关系不是指所有的经验变量都要以显性的语言形式出现在语篇中。在语言的使用中，我们常常根据交际的语境或者以往的交际经验推测出关于体验者、触发物和情感行为的信息。例如：

（2）（咏薇告诉凌风应该改掉油嘴滑舌的说话方式，遭到对方的讥讽）

我（咏薇）坦白地说："你应该学凌霄，他总是那么稳重，你却永远轻浮。"

（凌风）"每个人都叫我学凌霄，难道我不能做我自己？"他不愉快地说，语气里带着真正的恼怒。"上帝造人，不是把每个人都造成一个模子的，不管凌霄有多么优秀，他是他，我是我，而且，我宁愿做我自己！"瞪瞪我，他加了一句：**"喜欢教训人的女孩子是所有女性中最讨厌的一种！"**

我（咏薇）望望前面，我们正越过东边的那块实验地，章伯伯他们在这块地上尝试种当归和药草。小心地不去踩着那些幼苗，我说："**动不动就生气的男人也是最讨厌的男人！**"

——《寒烟翠》

在例（2）中，凌风的话步中使用了情感词"讨厌"，咏薇的话步中使用了情感词"生气"和"讨厌"。我们先看凌风的话步。表面上看，情感词"讨厌"具有泛指的体验者和泛指的触发物，即大家（体验者）都讨厌"喜欢教训人的女孩子"（触发物）。但是从语境中可知，言者的真正用意是使用"讨厌"这个评价性的情感词来批评听者咏薇，而且讨厌的体验者是不是别人，正是言者本人。凌风话语中"讨厌"的语境变量情况如下：

体验者：凌风（言者）

触发物：咏薇（听者）教训凌风的言语行为

情感行为：隐性

再看咏薇的话步。咏薇的话步中也出现了"讨厌"这个情感词。咏薇的策略与凌风相同，也是表面上评价所有"动不动就生气的男人"，实则批评凌风对自己出言不逊的行为。对言者咏薇来说，"讨厌"的语境变量情况如下：

体验者：咏薇（言者）

触发物：凌风（听者）对咏薇出言不逊的行为

情感行为：隐性

凌风和咏薇在话步中都采用了泛指的体验者和触发物，但是只有当体验者和触发物与交际的参与者发生了关联，"讨厌"才能够帮助言者达到批评的目的。也就是说，要准确地理解言者使用情感意义的意图，听者必须明白哪些语境变量是与自己有关的变量，然后将自己"代入"相应的语境变量的位置，通过该语境变量与情感意义的关系来理解对方的交际意图。在例（2）中，凌风和咏薇都间接地将对方识解为消极情感的触发物。当听者将自己和情感配置模型中的变量联系起来以后，言者的意图就明朗了。凌风的话步相当于说"你教训我的行为令我讨厌"，而咏薇的话步相当于说"你爱生气的行为让我讨厌"。在两个话步中，真正的情感体验者和触发物都没有被明示，但是参与者却都根据情景语境准确地识别了"讨厌"的语境变量信息，理解了对方的用意。

例（2）还说明语境变量在与情感意义相互配置的时候，往往只凸显两组因果关系中的一个。这里凌风和咏薇都凸显了对方的行为与情感之间的触发关系，但是没有涉及情感所引发的体验者的情感行为，它们以隐性的形式出现在语篇中。

综上所述，语境变量是情感意义发挥人际功能的重要手段。情感意义与它的语境变量作为一个相互关联的整体共同发挥人际功能。本书在研究动机部分提出可以用一个配置模型来表征它们之间的这种密切相关的关系，即情感配置模型（请参见绪论部分图1-1）。

在语料分析中我们还发现，言者为了达到交际目的经常有意扩大情感行为的范围。原则上情感行为只能是情感体验者的行为，但是在不少情况下，该变量被扩展为情感的旁观者针对他人的情感而采取的行为。为了将这种情况也纳入情感配置模型之中，我们将情感配置模型中的"情感行为"变量扩展为"行为"变量（见图3-2）。行为变量泛指由情感所引发的行为。行为变量有两种类型：一类是情感的体验者因为情感而导致的行为，我们称之为情感行为；另一类是非情感体验者因为他人的情感而采取的行为，我们称之为反馈行为。行为变量也在语境中取值，它也是人们基于情感而采取的行为，只不过行为的实施者未必是情感的体验者。我们将情感行为变量扩展为行为变量可以进一步扩大本书即将提出的情感意义与语境变量配置方式系统的解释范围。

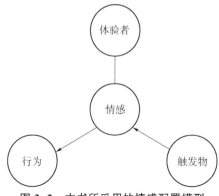

图 3-2 本书所采用的情感配置模型

以上我们介绍了系统功能语言学领域的两组情感意义变量。根据变量所反映的情感意义的特征,它们被分为体验变量、语言变量和语境变量。我们对每一类变量的含义、取值方式以及相互关系都进行了详细的阐述。虽然上述变量对情感意义所发挥的人际功能都具有重要的影响,但是由于篇幅、可操作性等诸多因素的限制,本书只将其中的语境变量作为研究对象,而其他变量在必要时予以讨论。

3.1.2.2 评价的层次性

语篇中的评价是复杂的,它绝对不是评价性词汇项目的简单相加,这一点已经从多个角度得以证实。Sinclair 最早意识到了评价在语篇中的层次性问题。Sinclair(1981,2004)从作者和读者关系出发,在语篇中区分了两个层面:互动层面(interactive plane)和自主层面(autonomous plane)。互动层面是语篇作者(讲话者)和读者(听者)的对话过程,在这个层面上的评价涉及相关命题在宏观语篇中的功能;自主层面是语篇的讲述过程,在这个层面上的评价涉及作者(讲话者)观察世界的视角。值得注意的是,辛克莱认为语篇中的每个句子都同时在两个层面上发挥作用,只不过有时候某些句子似乎更加强调了它在某一个层面的功能。

Hunston(1994,2000)赞同 Sinclair(1981)对语篇层面的划分。在此基础上,他还在每个层面上进一步区分了评价的"资格"(status)和"价值"(value)。总体上看,资格具有"物化"(reify)功能,它告诉读者语篇所谈论的内容具有怎样的本质。在互动层面,资格将语篇中的每个陈述物化为抽象的事物,如假设、事实、阐释、评价等。当组成语篇的话语取得了特定的资格,该话语就基于自己的资格而获得了相应价值。以具有评价资格的陈述为例,在科技语篇中这类陈述的价值常取决下面两个标准：其一，该陈述在语篇中能否得到论据的充分支持；其二，该陈述是否符合人们的日常认识。对上述两个评价标准的肯定性取值会表明该陈述具有正面价值；反之，否定性取值会使该陈述得到负面价值。在自主层面，资格和价值具有不确定性。资格既可以是语篇所涉及的事物，也可以是作者的个人观点；有时候一定的资格本身也承载了特殊的价值。虽然如此，自主层面的资格仍然是评价对象获得价值的基础，限制了它们被评价的方式。总而言之，资格限制了语篇中不同层面的评价对象获得价值的标准。Hunston（2000）[202]发现对于互动层面的评价来说，"确定性"（certainty）以及"好与坏"（good-bad）是最重要的评价参数；但是对于自主层面的评价来说，评价参数是丰富多变的，因为评价对象资格的种类是无限的。

Thetela（1997）以评价对象为标准对语篇中的评价层次进行了区分。她发现学术语篇中有两种地位不同的评价："研究取向的评价"（research oriented evaluation）和"话题取向的评价"（topic oriented evalution）。研究取向的评价是"作者观察研究行为"所做出的评价（Thetela, 1997）[109]，它是关乎语篇全局的评价。在这个层次上，作者与研究者协商应该从何种角度来评判自己所做的研究。话题取向的评价是"作者观察世界"所做出的评价，它是语篇局部的、低层次评价，在这个层次上，作者向读者描述自己对研究对象的评价。话题取向的局部性评价为研究取向的全局性评价奠定了基础。在这两个评价层次上，评价对象以及对评价对象所获得的评价意义都有很大的差异性。

彭宣维（2009，2010）基于评价者的身份区分了文学语篇中的评价层次。文学作品中有两种不同身份的评价者：叙述者和作者。作为叙述者的评价者所做的评价是语篇的表层评价；而作为作者的评价者所做的评价是语篇中蕴含的深层评价。这两个层次的评价既可以重合，也可以分离。叙事者层次的评价是以作者层次的评价意图为驱动的。要想充分地理解文学作品所反映的意识形态以及作家的风格，研究者必须分析两个层次的评价意义。彭宣维指出，对于叙述者层次的评价而言，研究者只需要采取前景化的视角就能够分析出来；而对于作者层次的评价而言，研究者必须采取动机的视角进行深度挖掘。

上述研究分别从作者与读者关系、评价对象以及评价者3个角度区分了语篇中的评价层次。虽然研究者所采取的视角不同，他们划分语篇评价层次的依据也不相同，但是他们的研究指向一个共同的结论，即语篇中的评价是具有层次性的。更重要的是他们的划分在总体上存在对应关系（见表3-4）。首先，互动层面的评价、研究取向的评价以及作者评价之间存在对应关系，它们都与作者生产语篇的目的相关。也就是说，它们是体现语篇人际功能的评价，比如要说服读者接受某个观点，言者会采取各种手段对相关观点的命题赋予"正确的""确定的"的评价意义，而要劝说听者执行某个行为，言者通常会采取各种评价手段来对相关行为的命题赋予一种"可行的""重要的"的评价意义。其次，自主层面的评价、话题取向的评价以及叙述者评价之间也存在对应关系，它们都与语篇所涉及的内容有关，是语篇中实际呈现的评价。本书借鉴 Sinclair（1981，2004）提出的术语将那些能够体现人际功能的评价称为互动性评价，将这类评价所处的评价层次称为互动性评价层次，因为这类评价意义的基本功能是与读者或者听者进行交际。但是本书不主张将语篇中实际呈现的评价称为自主评价，因为根据 Sinclair（2004）[58]的表述，"自主"意味着与外部世界无关，完全依靠语言来建构的语篇层面。我们知道语篇表面的评价不可能与外部世界完全不相干，而且两个评价层次之间的边界并非总是清晰的。本书第4至6章的论述将进一步证明，某些人际功能所涉及的两个评价层次是可以相互重合的。所以我们主张将语篇中实际呈现的评价意义称为表层评价，而将这类评价所处的评价层次称为表层评价层次。上述学者的研究表明：互动性评价常常隐含在语篇中，需要听者/读者从表层评价中推测出来；而表层评价是语篇中实际呈现的评价性意义，表层评价是受互动性评价所驱动的，它们用于证实互动性评价的合理性（Thetela，1997）[103]。换言之，表层评价是互动性评价赖以体现的手段。

表3-4 评价层次的划分

作者	互动性评价层次	表层评价层次
Sinclair（1981，2004）	互动层面的评价	自主层面的评价
Thetela（1997）	研究取向的评价	话题取向的评价
Hunston（2000）	互动层面的评价	自主层面的评价
彭宣维（2009，2010）	作者评价	叙述者评价

上述研究的另一点共识是不同评价层次上的评价对象、评价标准以及评价范畴都不相同。Thetela（1997）[105]举了一个学术语篇中的例子来说明两个层次上的评价间存在的差异：

（3）① The **interest** of this result lies not in the demonstration of an "early age-effect" but rather in the precise nature of the change observed；② there was no evidence that an age of between 18 and 36 affected the rate at which individuals improved with training, but because older individuals performed **less well**, during their very first sessions of practice, and learned the game no faster than their juniors, they still **lagged behind** when training was stopped（Thetela，1997）[105]。

在例（3）中，有3个重要的评价性词汇，"interest"（"有趣"），"less well"（"不好"）和"lagged behind"（"落后"）。表3-5总结了与它们相关的评价信息。

Thetela（1997）认为在研究取向的评价层次上，评价对象仅限于与研究行为相关的内容，如研究结果、证据、研究活动等。对于这些评价对象来说，作者主要评价它们的重要性、可靠性、趣味性等有限的几个方面。这时，评价对象以及评价标准在各个学科之间是相似的。Thetela（1997）认为例（3）中的 interest 就属于研究取向的评价，它的评价对象是与研究行为相关的 result，它评价了研究对象的趣味性。趣味性的评价标准同样适用于其他学科的研究行为。

表 3-5　研究取向的评价与话题取向的评价

评价层次	评价	评价对象
研究取向的评价	result	interest
话题取向的评价	less well	performance of older individuals
	lagged behind	older individuals

在话题取向的评价层次上，评价对象与研究者的研究领域相关，而且评价标准也更为丰富。在这个评价层次上，评价对象与评价标准在学科之间存在较大差异。Thetela（1997）认为例（3）中的 less well 和 lagged behind 处于话题取向的评价层次，它的评价对象分别是与研究内容相关的 performance of older individuals 和 older individuals。值得注意的是，虽然 less well 和 lagged behind 都是对评价对象的消极评价，但是消极的评价意义并不会传递给研究行为本身。也就是说，读者并不会因为这些消极评价性词汇就认为语篇所描述的学术活动本身是具有消极评价属性的。无论 performance of older individuals 是 less well 还是 very well，它们都说明研究的结果是具有趣味性和重要性的（Thetela，1997）。

关于评价层次性的研究表明：

第一，表层评价和互动性评价的功能不同。互动性评价是相对高级的评价层次，它关系到人际功能实施的效果；表层评价是相对低级的评价层次，它与人际功能的实施不直接相关，它是以互动性评价为驱动的。

第二，表层评价和互动性评价在评价对象和评价范畴方面存在差异。互动性评价的评价对象是有限的，这些评价对象所对应的价值体系（即评价标准）也是有限的；表层评价的评价对象是多样的，不同的评价对象会对应不同的价值体系。

3.2　情感意义基于语境变量的系统配置原理

本小节的主要任务是阐述情感意义基于语境变量的系统配置原理，旨在为建构情感意义与语境变量的配置系统做进一步的理论铺垫。

3.2.1　对话语篇中的互动性评价

我们在关键概念中阐述了评价的层次性问题。我们还可以进一步从两个角度来概括这两个评价层次的关系：从言者的角度看，互动性评价依赖表层评价得以体现；从读者和听者的角度看，表层评价最终要转化为服务于人际功能的互动性评价。根据 Sinclair（1981，2004）的研究，语篇中的每个句子都同时在两个层面上发挥作用，对话语篇当然也不例外。本小节主要讨论对话语篇中的互动性评价。

对话语篇的基本结构单位是话步，每个话步都体现了一定的交际意图。这些交际意图在系统功能语言学领域称为人际功能。互动性评价与交际意图，即人际功能直接相关，因此我们可以说，每一个话步都蕴含着一个互动性评价。那么互动性评价在话步中的评价对象以及评价标准又是什么呢？根据互动性评价标准，评价对象应该获得怎样的评价性意义才能体现人际功能呢？互动性评价蕴含于语篇之中，我们不能将语篇表层评价所涉及的评价对象和评价标准简单相加作为判断互动性评价特征的依据。这里我们借鉴了彭宣维（2008，2009）的做法，从"动机"的视角来解读话步互动性评价的特征。所谓的"动机"也就是言者的目的。话步中的动机也就是话步的人际功能。这样看来，我们可以从人际功能出发来考察话步在互动性评价中的特征。

本书以情感意义为研究对象，所以我们只讨论含有情感意义的话步所具有的人际功能。仅仅评价情感意义自身难以对听者的行为产生影响，情感意义必须被置于一定的语言环境之中才会有效地实施各种人际功能。我们说情感意义在对话中的人际功能，其实是在说含有情感意义的话步所具有的人际功能。基于上述思想，我们总结了情感意义最常见的 8 种人际功能，它们是：赞赏、批评、要求、警示、安慰、道歉、阻止和拒绝。下面我们分别阐述这 8 种人际功能在互动性评价层次上所对应的评价对象，以及对评价对象进行评价的标准。表 3-6 列举了这 8 种人际功能的典型实例。

表 3-6 人际功能的互动性评价对象和价值期盼①

人际功能	实例
赞赏	① <u>伯母</u>，你的话让我感动！
道歉（1）	② 对不起，<u>我</u>总是惹你生气，做什么都错。
道歉（2）	③ （<u>你</u>）别跟我生气。
安慰（1）	④ 其实，<u>你</u>心里的痛苦我都知道。
安慰（2）	⑤ <u>你们</u>都不用担心，我们一定会打赢这一仗。
要求	⑥ 别犹豫了！（<u>你</u>）快跟我去烟雨楼！你去了，大家会高兴得发疯。
批评	⑦ <u>紫薇</u>，你存心要让我担心害怕，是不是？
警示	⑧ 我担心的，是<u>小燕子</u>他们，到底过关没有。
阻止	⑨ （<u>你</u>）当心先生回来看不到人要生气呢！
拒绝	⑩ <u>我</u>实在不高兴写这种信！

---

① 下划线部分为作者所加，表示人际功能的互动性评价责任者。

3.2.1.1 互动性评价对象

例①是赞赏功能的实例。言者通过话步①想要达到赞赏听者（伯母）的目的，准确地说是赞赏听者的言语行为。很显然，为了促成这个人际功能，言者在互动性评价层次上应该对听者的言语行为表达评价性态度，即对听者的行为是赞同还是反对等。试想，如果这句话的互动性评价对象是话步中的另一个参与者，言者，那么无论言者获得怎样的评价意义都无助于赞赏目的的体现。

例②和例③是道歉功能的实例。但是这两个道歉采取了两种不同的策略。例②中，言者采取了自我批评的策略。这类道歉本质上是一种"认错"行为，即言者向听者承认错误。为了达到这个目的，言者在互动性评价层次上应该对自己的错误行为表达评价性态度，所以这类道歉的互动性评价对象应该是言者本人的错误行为。但是例③的情况不同，言者采取了要求听者主动改变消极情感状态的策略。这类道歉在本质上是对听者的"情感要求"，即要求听者改变当前消极的情感状态。为了达到这个目的，言者在互动性评价层次上应该向对方改善情感状态的行为表达评价性态度。所以这类道歉的互动性评价对象应该是听者改善情感状态的行为。为了以示区别，我们分别将这两类道歉分别称为道歉（1）和道歉（2）。

例④和例⑤是两个安慰功能的实例，它们也是采取了不同的策略。例④中，言者采取了同情策略（empathy）。所谓同情就是告诉安慰对象（一般是听者），言者能够体会他的感受。通过这种方式，言者将自己置于安慰对象的立场，目的是向对方提供情感上的支持。对于这类安慰而言，言者在互动性评价中应该向对方的情感表达评价性态度，所以这类安慰的互动性评价对象应该是被安慰者的情感。与例④不同，例⑤中言者也要求被安慰者（一般也是听者）主动改变自己的消极情感状态，所以也可以理解为是对听者的情感要求。与道歉（2）相似，在这类安慰中，言者在互动性评价层次上需要向听者改善情感状态的行为表达评价性态度，所以其互动性评价对象应该是被安慰者的满足情感要求的行为。为了以示区别，我们分别将这两类安慰分别称为安慰（1）和安慰（2）。

例⑥是要求功能的实例。言者通过话步想要对方去执行某个行为。为了达到这个目的，言者在互动性评价中需要向听者执行要求的行为表达评价性态度。所以例⑥中的互动性评价对象应该是听者"去烟雨楼"的行为。否则，让其他的任何成分充当互动性评价对象对于要求功能的体现都没有作用。

例⑦是批评功能的实例。言者想要达到批评听者的不当行为的目的，所以在互动性评价层次上，言者需要向听者过去的行为表达评价性态度。

例⑧是警示功能的实例。警示是说话人提醒听话人，使其警惕某种不利事件发生的可能性的一种言语行为（侯召溪，2007）。为了体现警示功能，在互动性评价层次上，言者需要对相关的事件表达评价性态度。例⑧的互动性评价对象应该是情感词"担心"的补语，即"小燕子他们，到底过关没有"。

例⑨是阻止功能的实例。它与要求在功能上刚好相反，要求功能敦促听者去执行某个行为，而阻止功能却要听者停止某个正在进行的行为，或者反对听者执行某个尚未发生的行为。为了达到阻止的目的，言者在互动性评价层次上需要对听者当前的行为，或者即将执行的行为表达评价性态度。所以阻止功能的互动性评价对象应该是听者正在进行或即将进行的行为。例⑨的互动性评价对象是听者要离开的行为。

例⑩是拒绝功能的实例。在拒绝功能中，言者的目的是拒绝执行对方向自己提出的行为要求。为了达到这个目的，他需要向对方提出的行为要求表达评价性态度，所以拒绝的互动性评价对象是听者对言者的行为要求，比如例⑩的互动性评价对象是言者执行"写信"的行为。

从上面的分析可见，互动性评价对象由两部分构成：一部分是交际事件中的相关参与者（包括听者、言者以及不在场的第三方），另一部分是与该参与者有关的行为、品质和事件。交际事件的参与者对互动性评价具有至关重要的作用。因为如果话步的互动性评价性对象不包含这些参与者成分，我们只知道某个评价性意义是关于某种行为、品质或者事件的评价，这样的互动性评价不会对交际事件产生影响，因为它与交际事件的参与者无关，也就无法对他们的行为和态度等施加影响。例如，当一位教师对正在打闹的同学说，"在教室里打闹是不文明的"。这句话之所以对那些打闹的同学具有阻止功能，是因为听者（打闹的同学）意识到自己是该教师话语的互动性评价对象，即听者意识到自己现在的行为是"不文明的"。否则，如果听者根本没有意识到教师是在对自己的行为进行评价，那么教师的话语对他们并不会产生任何的影响。因为他们不用对话语的互动性评价负责。我们将互动性评价对象中的参与者称为互动性评价的责任者。互动性评价的责任者一方面接受来自互动性评价的评价性意义，另一方面他们也是互动性评价想要影响的对象。所以说，互动性评价的责任者同时对互动性评价以及相关的人际功能负责，换言之，互动性评价的责任者也是人际功能的责任者。相比之下，评价对象中的另一部分，即与责任者相关的行为、品质、事件等有时倒显得不那么重要，它们甚至常常被忽略了。比如实例①中，言者完全可以说"伯母，你让我很感动"，听者同样会理解这个话步是对自己的赞赏。在这里，听者的行为与听者产生了一种借代关系，即用听者来指称听者的行为。除了赞赏以外，批评功能也经常出现这种情况。

3.2.1.2 互动性评价对象的价值

只确定了互动性评价对象还不够。评价对象还必须按照一定的评价标准获得一定的评价意义。只有当这些评价性意义符合人际功能要求的时候，互动性评价才能够真正地服务于相关的人际功能。那么参与者用什么样的评价标准向话步中的互动性评价对象赋予评价性意义呢？虽然如前所述，互动性评价的评价对象和相应的评价标准是有限的，但是发现和论证这些标准仍然是个相当复杂的研究项目。因为本书的最终目的不在于此，所以我们对话步的互动性评价标准不做过多的阐述。我们的目的是解释互动性评价如何通过表层评价得以体现，或者说，表层评价怎样转化成为互动性评价。完成这个任务的关键不是发现两个评价层次上有何种差异，而是发现两个评价层次是否具有一些共性的特征有助于实现评价意义从表层向互动性的转化。所以本小节的任务是讨论互动性评价和表层评价必须都具有的一个评价标准，就是价值。

Thompson 和 Hunston（2000）[21]指出评价是承载价值的。他们确定了4个评价参数：价值、确定性、期待性和重要性。他们认为所有的评价对象所获得的评价意义都可以归结为对这4个方面的评价。也就是说这4个维度代表了所有评价对象可以被评价的方面或者说评价标准。我们在文献综述部分还提到了其他学者对评价参数的扩展研究，比如 Bednarek（2006）将这些参数进一步发展为9个。但是无论后续的学者怎样扩展，有一个基本的评价参数没有变，这个基本的评价参数就是价值，即对评价对象的"好"与"坏"或者说是"积极"与"消极"属性的评价。Thompson 和 Hunston（2000）[21]认为，在他们所提出的4个参数中，其他3个参数都与价值相关，它们都可以进一步上升为价值的"好"与"坏"。确定的、符合期待的、重要的一般就是好的，具有积极/正面价值；反之，不确定的、不符合期待的、不重要的就是"坏"的，具有消极/负面价值。本书无意对上述4种标准在对话语篇的互动性评价层次上的有效性进行一一验证，我们只想找到对互动性评价来说最本质、最重要的评价标准。从汤普森等人的研究来看，这个评价标准就是价值。无论互动性评价的评价标准如何有限，它一定会包含价值标准。同理，无论表层评价的标准如何丰富，它们最终也一定可以上升为价值。所以本书只以价值为评价标准，讨论上述8种人际功能在互动性评价层次上对价值类型的要求。我们把人际功能对互动性评价对象价值类型的要求称为人际功能的价值期盼。我们还是以表3-6中的实例来说明各种功能的价值期盼。

本书所研究的8种人际功能中，有一些人际功能的价值取向是比较明显的，如赞赏、要求的互动性评价对象应该获得正面价值①，我们说，这两个功能对互动性评价对象具有正面的"价值期盼"。批评、警示、阻止、拒绝的互动性评价对象应该获得负面价值，我们说，它们对互动性评价对象具有负面的价值期盼。这里我们不再一一解释，但是还有几个功能的情况稍微复杂一些，它们是道歉

---

① 价值的标准既适用于互动性评价，也适用于表层评价。为了以示区别，我们将互动性评价层次上评价对象所获得的评价性价值称为"正面价值"和"负面价值"，而将表层评价层次上评价对象所获得的评价性价值称为"积极价值"和"消极价值"。此外，根据情感体验的心理特征，情感意义自身还有积极或消极的"效价"（valence）。

(1) 和道歉 (2) 以及安慰 (1) 和安慰 (2)。如前所述,道歉 (1) 在本质上是一种"认错"行为,它的互动性评价对象应该是言者本人的错误行为。所以要体现道歉 (1),言者必须向自己的行为传递负面的评价价值,即道歉 (1) 对互动性评价对象具有负面的价值期盼。而道歉 (2) 中,言者要求听者主动改变消极的情感状态,其互动性评价对象是听者改善情感状态的行为。为了让听者执行这个行为,言者必须向该行为传递一种正面价值。因为只有行为要求具备了正面价值,听者才会感到有义务去执行这样的行为。所以道歉 (2) 对互动性评价对象具有正面的价值期盼。

安慰 (1) 和安慰 (2) 的价值期盼也不相同。如前所述,安慰 (1) 是言者表达对听者的同情,其互动性评价对象是对方的情感状态。对方的情感状态一定是具有负面价值才需要言者的安慰,所以安慰 (1) 对互动性评价对象具有负面的价值期盼。而安慰 (2) 是言者对听者提出的情感要求,即言者要求听者改变消极的情感状态。言者希望对方能够终止消极的情感,进入积极的情感状态。言者对听者的情感要求一定是合理的、具有正面价值的才能够达到安慰听者的目的,所以安慰 (2) 对互动性评价对象具有正面的价值期盼。

至此,我们已经讨论了本书所涉及的 8 种人际功能的评价对象以及它们所预设的评价意义,即价值期盼(见表 3-7)。为了体现上述人际功能,言者在对话中必须满足相关功能对互动性评价对象的价值期盼。但是语篇实际呈现在听者和读者面前的总是表层评价意义,互动性评价必须依赖于表层评价才能得以体现。如果表层评价最终不能上升为服务于人际功能的互动性评价,那么言者的交际意图也无从实现。所以语篇视角的评价研究必须回答的一个关键问题就是,解释互动性评价如何通过表层评价得以实施,或者从读者和听者的角度看,就是语篇的表层评价如何转化为互动性评价。我们建构情感意义与语境变量的配置系统的目的也在于此。

表 3-7　人际功能的互动性评价对象及价值期盼

人际功能	互动性评价对象	价值期盼
赞赏	责任者(听者/第三方)的行为、品格	正面
道歉 (1)	责任者(言者)的行为	负面
道歉 (2)	责任者(听者)的行为	正面
安慰 (1)	责任者(听者)的情感	负面
安慰 (2)	责任者(听者)的行为	正面
要求	责任者(听者)的行为	正面
批评	责任者(听者/第三方)的行为、品格	正面
警示	与责任者相关的事件	负面
阻止	责任者(听者)的行为	负面
拒绝	责任者(言者)的行为	负面

3.2.2 表层评价向互动性评价转化的方式

表层评价是语篇中实际呈现的评价性意义。表层评价受互动性评价的驱动，它的功能是证实互动性评价的合理性（Thetela, 1997）[103]。我们可以将两个评价层次之间的关系概括为，表层评价是互动性评价的实施手段，或者我们还可以更进一步地说，表层评价最终要转化为互动性评价。本小节的任务就是以情感意义为例，探讨表层评价转化为互动性评价的方式。

如前所述，表层评价与互动性评价具有不同的评价对象、评价标准和评价范畴。表层评价要想转化为互动性评价必须满足两个条件，首先，表层评价要能够对互动性评价的评价对象（以下简称"互动性评价对象"）进行评价，因为只有这样，它对于交际意图的体现才是有意义的；其次，表层评价的意义资源经过各种方式的配置最终能够满足人际功能对互动性评价对象的价值期盼。下面我们重点讨论对话语篇中，情感意义是怎样从表层评价转化为互动性评价的。我们的讨论主要围绕上述两个条件展开。首先我们回答情感意义通过何种方式对互动性评价的评价对象进行评价的问题；然后我们回答情感意义如何向互动性评价对象赋予人际功能所期盼的正面或负面价值。我们主要从情感意义与语境变量配置方式的角度为上述两个问题提供解决方案。

3.2.2.1 情感意义与互动性评价对象的关系

情感意义从表层评价向互动性评价转化的前提条件是它必须能够对互动性评价对象进行评价。这要求情感意义必须与互动性评价对象建立某种关联，因为如果情感意义与互动性评价对象之间没有任何关联，那么它所具有的评价性意义根本就不会对互动性评价对象产生任何影响。如前所述，互动性评价对象的关键性成分是它的责任者。互动性评价的责任者对应于交际事件中的参与者，一方面他们接受来自互动性评价的价值，另一方面他们也是互动性评价想要影响的对象，所以互动性评价的责任者也是人际功能的责任者。只有当情感意义能够与互动性评价的责任者建立某种关联的时候，情感意义才具备向对互动性评价对象实施评价的条件。所以情感意义向互动性评价转化的第一步是与互动性评价的责任者建立关联，我们把情感意义与互动性评价的责任者之间的关联称为"共鸣"。这种命名的依据是系统功能语言学认为评价意义具有韵律型的结构，所以当两个层次的评价意义发生关联的时候，就像是两个乐曲的韵律之间产生了共鸣。情感意义主要是通过它的语境变量与互动性评价对象的责任者建立共鸣的。例（4）、例（5）和例（6）代表了情感意义与互动性评价对象的责任者建立关联的主要方式。

(4)（梦竹生病了，李妈来伺候她吃药，她生气不肯吃）

"来，好小姐，我扶你起来吃！""不要！"梦竹一把推开奶妈的手，仍然面向里躺着。

"梦竹，"李老太太忍不住了，生气地说："**你这是和谁生气?**"

——《几度夕阳红》

(5)（芷筠的弟弟竹伟打伤了人，芷筠很生气）

他悄悄地望着芷筠，怯怯地说："姐，霍大哥说的，他是坏人吗！姐，我打坏人吗！姐，你生气了?"

"是的，"芷筠含泪说，"**我生气了，生很大很大的气了！**"

——《秋歌》

(6)（小燕子和永琪生气，跳上柿子树拼命采柿子）

永琪抬头看着发疯一样采着柿子的小燕子，真是啼笑皆非，又无可奈何。忍着气，他喊着："小燕子！你下来！"

（小燕子）"我为什么要下来？"

"①你跟我生气，就冲着我来，②去折腾一些哑巴柿子，算什么……"

——《还珠格格续集》

例（4）、例（5）和例（6）虽然都使用了同一个情感词，"生气"，而且情感词所在的话步都具有批评的功能，但是情感词发挥批评功能的原理并不相同，因为情感词所体现的情感意义与互动性评价对象的责任者建立关联的方式不同。例（4）中，互动性评价对象的责任者是听者（梦竹）。她是互动性评价想要影响的对象，她负责接受来自互动性评价的负面价值。情感意义与这个责任者的关系很明显，即互动性评价的责任者在情感意义的网络中充当了情感的体验者。我们可以用图3-3来表征这种互动性评价的责任者与情感配置模型的体验者相关的情况。我们将互动性评价对象的责任者与情感配置模型中的体验者相互关联的情况称为体验者共鸣。当互动性评价对象的责任者与情感配置模型中的体验者建立了共鸣关系之后，情感意义与其他语境成分相互配置所产生的评价意义就可以通过体验者关

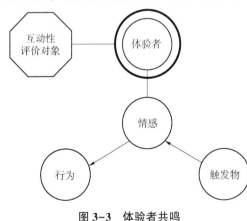

图3-3　体验者共鸣

注：图中加粗的圆表示共鸣关系。

系传递给这个互动性评价对象。例（4）中，听者就是因为其生气的情感而被赋予了负面价值。

例（5）中，话步"我生气了，生很大很大的气了！"也具有批评的功能。

该话步在互动性评价层次上的责任者是听者（竹伟）。听者（竹伟）与情感配置模型中的触发物具有同指关系。我们将互动性评价的责任者与情感配置模型中的触发物建立关联的情况称为触发物共鸣（见图3-4）。当情感意义的触发物与互动性评价对象的责任者建立了共鸣之后，责任者就可以凭借触发物身份获得情感意义配置所产生的价值。例（5）中，听者（竹伟）因为触发了他人的消极情感而被赋予了负面价值。

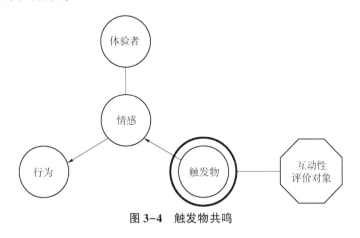

图3-4　触发物共鸣

例（6）中，①和②都具有相同的人际功能，即批评的功能，而且两个话步之间具有转折的逻辑关系。系统功能语言学中将同一话轮中，符合这种关系的相邻话步称为"复合话步"（move complex）（Ventola, 1987）。复合话步虽然是比话步更大的对话单位，但是在语篇分析中，它们一般被视为一个整体。由①和②构成的复合话步共同体现了批评的功能。例（6）中，互动性评价的责任者是听者（小燕子）。这个批评话步的责任者既不是情感配置模型中体验者，也不是触发物，而是情感的体验者因为情感而实施的行为，即情感行为。我们将互动性评价的责任者与情感配置模型中的行为成分相关联的情况称为行为共鸣（见图3-5）。我们知道，情感配置模型中的行为变量其实有两种情况类型：情感行为和反馈行为。它们都可以与互动性评价的责任者建立共鸣关系，我们将在本书的第6章对反馈行为共鸣的情况予以详细的论述。当互动性评价的责任者与情感配置模型中的行为变量建立了共鸣以后，评价对象就会基于责任者的行为实施者身份获得情感意义配置所产生的评价意义。例（6）中，听者因为实施了不恰当的情感行为而获得了情感意义配置的负面价值。

至此，我们介绍了情感意义与互动性评价对象建立关联（即共鸣）的主要手段。我们知道，互动性评价对象由两部分构成：责任者和关于责任者的行为或事件。情感意义除了与互动性评价的责任者建立关联以外，还可以与责任者的行为、事件、品格等因素建立关联。但是它们之间的关联不是情感意义向互动性评价转化的必要条件，所以我们不把这样的关联视为独立的共鸣类型。关于互动性评价对象与情感配置模型中的两个成分相关联的情况,我们将在本书的第 4 章至第 6 章进行详细阐述。

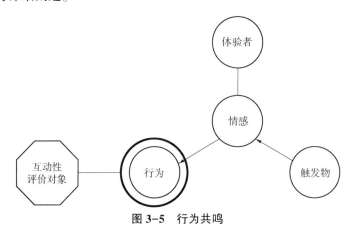

图 3-5　行为共鸣

综上,共鸣就是互动性评价对象与情感配置模型的某个成分产生了直接或者间接的关联。所谓的关联就是互动性评价对象直接充当了情感配置模型中的某个成分,或者与该成分通过某种手段建立了间接的联系。互动性评价的责任者与 3 个语境变量都能产生共鸣,我们可以用系统的形式来表征情感意义与互动性评价对象建立共鸣的方式(见图 3-6)。

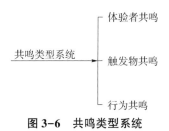

图 3-6　共鸣类型系统

从情感配置模型的角度来看,共鸣关系规定了互动性评价对象在情感配置模型发挥作用的途径;从互动性评价对象的角度来看,共鸣就像一根纽带,使情感意义与相关语境变量配置所产生的评价意义能够传递给互动性评价对象。当情感配置模型与互动性评价对象建立了共鸣关系后,情感意义就具备了转化成互动性评价的第一个条件。

3.2.2.2　情感意义满足价值期盼的方式

本小节的主要任务是讨论情感意义如何满足人际功能对互动性评价对象的价值期盼。简言之,就是情感意义如何向互动性评价对象赋予正面或负面价值。

我们在总结态度系统的 3 个范畴之间的关系时已经指出,无论是情感、判断还是鉴赏范畴的意义都有积极和消极之分,所以情感意义无论属于哪个态度范畴，都是具有价值的。这样看来，价值这个评价标准同样适用于表层评价。尽管表层评价的标准比互动性评价更为丰富，但是它们具有一个共同的评价标准，就是价值。表层评价的价值是互动性评价价值的重要来源。需要强调的是，互动性评价对象获得正面或负面价值，不是因为与它相关的情感词具有积极的或者是消极的效价，而是因为情感配置模型的成分之间的关系。此外，情感意义有一个"效价"变量。"效价"与"价值"的含义不同。情感意义的"效价"反映的是情感体验的特征，它借鉴了心理学的标准；而"价值"是在互动性评价和表层评价层次上，评价性成分赋予其评价对象的评价属性。效价和价值是密切相关的，我们可以认为情感意义的效价是情感意义在互动性评价和表层评价中发挥评价功能的基础。在情感配置模型中，各个成分之间的关系为情感意义的效价最终转化为正面和负面价值提供了路径。

例（7）、例（8）和例（9）代表了情感配置模型的成分之间的主要关系类型。这3个实例中所使用的情感词本身都具有积极的效价，但是因为它们所在的情感配置模型中，模型成分之间的关系不同，所以这些情感词最终既可以体现具有正面的价值期盼的人际功能，如例（7），也可以体现具有负面的价值期盼的人际功能，如例（8）和例（9）。下面我们就来阐释情感意义如何借助不同的情感配置模型关系来满足人际功能的价值期盼。

（7）（小燕子的回答让乾隆十分满意，乾隆夸奖了她）

（小燕子）"……因为从小，我就听说'好人有好报'这句话，所以也希望自己是个大大的好人！"

乾隆满意地颔首："这就对了。小燕子，你越来越有长进了，**朕打心眼里替你高兴**。"

——《告慰真情》

（8）（新婚的可欣夫妇要到美国去生活。妈妈雅真却想留在国内，遭到可欣的阻止）

雅真有些期期艾艾，好半天才吐出一句整话："或者，我不一定要跟你们一起去。""妈，你这是怎么了吗？"可欣说，凝视着母亲："**没有你，你让我到美国去怎么会快乐？**"

——《船》

（9）（亚萍是丹枫已故姐姐的好朋友。当丹枫告诉亚萍她爱上了姐姐的前任男友江淮的时候，亚萍批评了她）

（亚萍）她猛然间发作了，带着那女性善良的本性，和正直的本能，她叫了起来："你昏了头了！丹枫，全台湾的男人数都数不清，任何一个你都可以爱，**你为什么要去爱他**？你的理智呢？你的头脑呢？你的思想呢？你怎可以去爱一个凶手？"

——《雁儿在林梢》

例（7）中的话步，"朕打心眼里替你高兴"具有赞赏的功能。该赞赏的互动性评价对象是听者小燕子的表现。赞赏功能对这个互动性评价对象具有正面的价值期盼。我们再看"高兴"的情感配置模型特征。首先例（7）属于触发物共鸣的情况，也就是说言者将互动性评价的责任者建构成为情感配置模型中的触发物。我们在关键概念部分介绍了情感配置模型的成分之间具有内在的因果逻辑关系：以情感为中心，这个逻辑关系可以解释为情感是触发物的结果，是情感行为的原因。例（7）主要涉及情感配置模型中的触发物成分和情感成分。在例（7）中，听者的表现和言者的情感之间具有合理的因果关系。当情感配置模型的成分之间具有合理的因果关系时，触发物能够为情感提供合理的解释，这时候，我们认为触发物和情感之间具有和谐的关系。和谐的关系意味着情感配置模型中两个相关成分之间的因果关系在文化语境中被广为认可；反之，当两个成分之间的因果关系得不到社会文化认可的时候，则该情感配置模型的成分关系就是不和谐的。判断模型成分关系的和谐与否是以社会规约为参照的，而情感意义的效价是以心理体验为依据的，所以模型关系的和谐性特征为情感意义的效价最终转化成为具有社会意义的价值提供了路径。我们将言者利用情感配置模型的成分之间的和谐关系来满足人际功能对互动性评价对象的价值期盼的手段称为模型关系建构。这类配置有两个特点：一是言者将互动性评价对象建构为情感配置模型中的成分，二是情感配置模型的成分之间具有和谐的关系，即为社会规约所认可的逻辑因果关系。在这类配置中，大部分（除了体验者共鸣的个别功能之外）互动性评价对象基于它们与情感成分之间的合理的因果关系而自然地获得了与情感意义的效价具有相同取向的价值。例（7）中的互动性评价对象是情感配置模型中的触发物，又因为在例（7）中情感意义具有积极的效价，所以该互动性评价对象能够基于情感配置模型的触发物成分和情感成分之间的和谐关系获得正面价值。

　　上述解释将互动性评价对象所获得的正面和负面价值归因于情感意义的效价与情感配置模型中的其他成分相互作用的结果。对此，我们还需要回答一个为什么的问题。为什么具有积极效价的情感意义通过模型建构的配置方式能够向互动性评价对象传递正面价值？我们还是以例（7）来说明这一点。例（7）中的互动性评价对象是听者的行为（小燕子的表现）。情感意义的评价功能由情感意义的评价对象来确定的。当评价性词汇用于评价人的行为时，则该评价性词汇应该属于判断范畴，所以例（7）中"高兴"应该属于判断范畴。言者（乾隆）通过模型关系建构的手段将互动性评价对象（小燕子的行为）建构成为他自己"高兴"情感的合理触发物，即触发物和情感之间具有能为社会文化广为认可的因果关系。根据判断范畴的标准，当某人的行为能够引发他人的积极情感反应的时候，那么该行为就是"好的"，具有积极的判断意义。所以例（7）的互动性评价对象基于与情感配置模型中触发物和情感之间的和谐关系获得了积极的判断意义，这种积极的判断意义转化为互动性评价层次上的正面价值，满足了赞赏对互动性评价对象的价值期盼。

例（7）代表了言者利用和谐的成分关系来满足人际功能对互动性评价对象的价值期盼的情况；而例（8）和例（9）则代表了言者利用不和谐的模型成分关系来满足人际功能的价值期盼的情况。

例（8）中的话步"没有你，你让我到美国去怎么会快乐?"具有阻止的功能。阻止的互动性评价对象是听者正在进行的或者即将进行的行为。阻止对互动性评价对象具有负面的价值期盼。在例（8）中，互动性评价对象与情感配置模型中的触发物成分具有共鸣的关系。在"快乐"的情感配置模型中已经有了情感的体验者成分以及言者所期待的触发物成分（互动性评价对象）。与例（7）不同的是，互动性评价对象的责任者选择从情感配置模型中退出。当这样的行为真实发生的时候，情感配置模型中的积极情感就不能成为现实。换句话说，互动性评价的责任者在该情感配置模型中扮演了一个即将缺席的触发物，触发物的缺失会解除相应情感配置模型。我们将言者通过将互动性评价对象建构成为情感配置模型中的解除性成分来满足人际功能对互动性评价对象的价值期盼的手段称为模型关系解除。模型关系解除有两种情况：一种情况是，言者将互动性评价对象建构成为情感模型中的成分（如例（8）），但是在情景语境中，这个成分或者主动从模型中退出，或者不能履行社会规约对相应成分所期待的责任；另一种情况是，言者将互动性评价对象建构成为对情感配置模型的某个成分具有解除作用的外部因素。在上述两种情况下，互动性评价对象通常都会基于其对情感配置模型的解除功能而获得与情感词的效价相反的价值。例（8）中，互动性评价的责任者的行为导致他人的积极情感不能体现，那么该责任者的行为具有消极的判断意义，具体地说属于消极的恰当性意义。这种消极的恰当性意义会转化为互动性评价对象的负面价值。

例（9）中的情感配置模型关系与上述两个实例又有所不同。互动性评价对象的责任者在情感配置模型中被建构成为情感配置模型中的体验者，而且她并没有从体验者的位置上缺席。但是例（9）中情感配置模型的成分关系并不和谐，因为该模型中的触发物和情感之间具有相互矛盾的关系。"爱"本身是一种美好的情感，爱的触发物也应该是美好的人或事物。但是这里的触发物却是一个"凶手"。这样的触发物在文化语境中是难以被接受的，因此我们说该情感配置模型中的触发物成分和情感成分之间具有不和谐的关系。我们将言者利用情感配置模型的成分之间的矛盾关系或失控关系来满足价值期盼的手段称为模型成分失调。在这类配置中，互动性评价对象充当了情感配置模型之中的成分，但是它与情感配置模型中的其他成分，尤其是情感成分是相互排斥的。有时候，它虽然与情感具有一定的因果关系，却处于失控状态。这时互动性评价对象所获得的价值往往与情感词的效价没有直接关联,而是基于模型成分之间的矛盾关系获得了负面价值。在例(9)中,"爱"的情感虽然具有积极的效价,但是"爱"的触发物却与这种情感发生了矛盾。"爱"美好的事物当然是有积极判断意义的,但是当"爱"的触发物是"不好"的事物时,则"爱"的行为就具有了消极的判断意义,具体地说是具有消极的恰当性意义。这种消极判断意义最终转化为评价对象的负面价值。

至此,我们介绍了情感意义满足价值期盼的主要手段,情感配置模型主要是通过其成分之间的和谐或不和谐关系与情感意义的效价发生相互作用的。我们将情感配置模型的成分之间的各种关系概括成为模型关系系统(图 3-7),该系统有 3 个选项:模型关系建构、模型成分失调和模型关系解除。模型关系建构是言者通过共鸣关系将互动性评价对象纳入了情感配置模型之中,而成为情感配置模型中的成分。这时,大部分互动性评价对象因为与其他模型成分之间的和谐关系而获得了与情感词的效价相同的价值。模型关系解除是指言者将互动性评价对象建构为解除情感配置模型的因素,大部分互动性评价对象因为其对情感配置模型的解除功能而获得与情感意义的效价相反的价值。介于模型关系建构和模型关系解除之间的是模型成分失调。模型成分失调是言者仍然将互动性评价对象建构为情感配置模型的成分,但是相关情感配置模型的成分之间的关系是相互排斥的,或者是处于失控的情况。这时互动性评价对象所获得的价值往往与情感词的价没有直接关联,而是基于模型成分之间的矛盾关系获得了负面价值。

图 3-7 模型关系系统

情感意义满足价值期盼的手段其实是情感意义与情感配置模型中的成分相互作用的结果。模型关系系统使情感配置模型能够作为一个整体承载评价意义(最主要的评价意义是判断)。该评价意义具有积极或消极价值,当这个价值与人际功能对互动性评价对象的价值期盼具有相同取向的时候,相关的情感意义就具备了从表层评价向互动性评价转化的第二个条件。

当情感意义与互动性评价对象建立了关联,而且满足了人际功能对互动性评价对象的价值期盼,我们说相关的情感意义就实现了从表层评价向互动性评价的转化,它就能够对交际事件产生影响,发挥特定的人际功能。

3.3　系统的提出及意义

本节的主要的任务是建构情感意义与语境变量的配置系统，目的是回答第一个研究问题的第二个子问题：情感意义和语境变量之间具有何种配置方式？

根据前述对情感意义基于语境变量的系统配置的基本原理的论述，我们建构了情感意义与语境变量的配置系统（见图3-8）。该系统由两部分构成：共鸣类型系统和模型关系系统。共鸣类型系统的任务是在情感意义和互动性评价对象之间建立关联，这是情感意义从表层评价转化为互动性评价的前提条件；模型关系系统的任务是让情感意义与语境变量的配置能够满足人际功能对互动性评价对象的价值期盼，这是情感意义从表层评价转化为互动性评价的必要条件。这两个系统之间具有合取的关系，每一个情感意义在对话中能够发挥人际功能都必须在这两个系统中进行选择。该系统解释了情感意义怎样实现从表层评价向互动性评价的转化。只有当情感意义从表层评价上升到互动性评价的层次上，它才能够发挥言者所期待的各种人际功能。

根据图3-8，情感意义与语境变量之间具有9种配置方式。情感意义就是通过这9种配置方式实现从表层评价向互动性评价的转化，进而体现人际功能的。我们按照情感意义在两个系统中的取值特征对每种配置方式进行命名（见表3-8）。

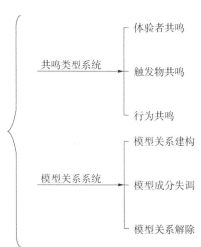

图3-8　情感意义与语境变量的配置系统

其中体验者-建构式配置、体验者-解除式配置以及体验者-失调式配置都发生在体验者共鸣的情况下，我们将这3种配置方式统称为体验者取向的配置方式；触发物-建构式配置、触发物-解除式配置以及触发物-失调式配置都出现在触发物共鸣的情况下，我们将这3种配置方式统称为触发物取向的配置方式；行为-建构式配置、行为-解除式配置以及行为-失调式配置都出现在行为共鸣的情况下，我们将这3种配置方式统称为行为取向的配置方式。

情感意义与语境变量的配置系统以评价系统中的态度系统、情感意义变量以及评价层次性的相关研究为理论基础，以一组反映情感意义语境特征的变量——语境变量为基本参数，根据语境变量与情感意义之间的关系建构而成。该系统的建构回答了本书第一个研究问题中的第二个小问题，即情感意义和语境变量之间具有何种配置方式。建构情感意义与语境变量的配置系统的理论意义主要体现为以下两点：第一，该系统在人际意义的理论框架中引入了情感意义的语境变量因素，为解释情感意义与其发挥的人际意义之间的关系提供了新的研究视角；第二，该系统的建构体现了评价层次性的基本思想，这有利于解释语篇的表层评价和言者意图看似矛盾、实则统一的关系。

表3-8 情感意义与语境变量的配置方式

共鸣类型	配置类型		
	模型关系建构	模型关系解除	模型成分失调
体验者共鸣	体验者共鸣-模型关系建构式配置 简称：**体验者-建构式配置** 实例：她们一点都不怕，好勇敢！	体验者共鸣-模型关系解除式配置 简称：**体验者-解除式配置** 实例：可见得我并没有给你幸福和快乐！	体验者共鸣-模型成分失调式配置 简称：**体验者-失调式配置** 实例：为了宛露，你在恨我！
触发物共鸣	触发物共鸣-模型关系建构式配置 简称：**触发物-建构式配置** 实例：你们的热情实在使我感动！	触发物共鸣-模型关系解除式配置 简称：**触发物-解除式配置** 实例：没有你，你让我到美国去怎么会快乐？	触发物共鸣-模型成分失调式配置 简称：**触发物-失调式配置** 实例：任何人都可以爱，你怎么可以去爱他？
行为共鸣	行为共鸣-模型关系建构式配置 简称：**行为-建构式配置** 实例：我实在爱梅若鸿爱得太苦太苦了！	行为共鸣-模型关系解除式配置 简称：**行为-解除式配置** 实例：①雁若，赶快去哄哄你妈妈，②她还在生气。	行为共鸣-模型成分失调式配置 简称：**行为-失调式配置** 实例：①你跟我生气，就冲着我来，②去折腾一些哑巴柿子，算什么……

本书的第4章、第5章和第6章分别讨论体验者取向的配置方式、触发物取向的配置方式以及行为取向的配置方式在对话语篇中体现人际功能的情况。这3章的主要目的是回答本书的第二个研究问题：每种配置方式能够体现哪些人际功能，不同的配置方式能否为情感意义所发挥的人际功能提供合理、有效的解释？通过这3章的论述，我们总结得出了不同的人际功能所选择的典型的情感意义以及情感意义与语境变量的典型配置方式。

在回答第二个研究问题的过程中，我们还对情感意义与语境变量配置方式系统进行了验证和发展。对该系统有效性的验证有两个依据：一是情感词通过上述9种配置方式能够发挥的人际功能是否涵盖了本研究所涉及的全部功能；二是上述9种配置方式是否能够为情感词所在话步的人际功能提供合理的解释。

对系统的发展体现在以下几个方面：一方面，在具体的对话语境中，人际功能的互动性评价对象在建立共鸣的基础之上还可能与情感配置模型的其他成分发生关联。不同的关联也会对情感词所发挥的人际功能的类型产生影响。对此我们还需要进一步论述。此外不同的人际功能中，情感配置模型的成分关系的建构方式也有区别。这些问题都是值得进一步讨论的。

3.4 小　　结

本章首先从评价层次性的观点出发讨论了对话语篇中的评价层次。我们发现互动性评价是对话步的人际功能发挥关键性作用的评价层次。互动性评价依靠表层评价来体现，表层评价最终要转化为互动性评价。情感意义能够发挥各种人际功能的根本原因就在于它实现了从表层评价向互动性评价的转化。基于上述认识，本章提出了情感意义与语境变量的配置系统，该系统解决了情感意义从表层评价向互动性评价转化的方式问题。

第4章 体验者取向的配置方式

本章及接下来的两章将系统地描述和阐释13个典型的情感词通过9种配置方式体现人际功能的情况。这3章的共同目的是回答本书的第二个研究问题：每种配置方式能够实现哪些人际功能，以及不同的配置方式能否为情感意义所发挥的人际功能提供合理、有效的解释？在回答这个问题的过程中，我们还验证并发展了情感意义与语境变量的配置系统。

本章的任务是，讨论情感词通过体验者取向的配置方式在对话中能够体现的人际功能。本章分为4节：第一节讨论体验者-建构式配置，第二节讨论体验者-解除式配置，第三节讨论体验者-失调式配置；第四节为小结部分。除了用数据来说明每种配置方式的影响范围以外，论述主要围绕两个密切相关的问题展开：①每种人际功能所对应的情感配置模型的特征；②情感配置模型关系满足价值期盼的原理。

4.1 体验者-建构式配置

这类配置的特点是：

第一，在共鸣类型系统中选择体验者共鸣。该共鸣方式的特点是人际功能的责任者是情感配置模型中的体验者，互动性评价对象因此被赋予了正面或负面价值。

第二，在模型关系系统中选择模型关系建构。模型关系建构的特点是情感配置模型中的成分之间具有和谐的关系，语境变量能够为情感提供支持。在体验者-建构式配置中，情感意义的效价与人际功能的价值期盼具有以下关系：具有积极效价的情感意义一般可以实现具有正面价值期盼的人际功能；而具有消极价的情感意义一般可以实现具有负面价值期盼的人际功能；有时候，模型成分之间的和谐关系也会产生正面价值。这时互动性评价对象所取得的正面价值与情感词的效价无关，而是来源于模型成分之间合理的因果关系。表4-1总结了情感词借助体验者-建构式配置能够体现的人际功能，以及这种配置方式在每种人际功能中所占的比重。

表 4-1 体验者-建构式配置的应用

人际功能	比重	人际功能	比重
赞赏	6.1%	要求	6.1%
安慰（1）	100.0%	安慰（2）	16.8%
拒绝	10.9%		

如表4-1所示，采用这种配置的人际功能有5种。除了安慰（1）全部都采用这类配置手段以外，在其他人际功能实例中这种配置所占比重都不足20%。在样本语料库中，批评、道歉（1）、警示、阻止以及道歉（2）5种功能均没有采用这种配置方式的实例。

通过这种配置，积极情感词能够体现的人际功能包括赞赏、要求、道歉（2）、和安慰（2）；消极情感词能够体现的功能是安慰（1）和拒绝。此外，在语料库中还出现了少数赞赏功能的实例，它们的互动性评价对象所获得的正面价值完全在于模型成分间的和谐关系而与情感词的效价无关。

在本节以下的部分，我们将分别描述和阐释积极情感词、消极情感词通过体验者-建构式配置体现人际功能的情况。

4.1.1 积极情感词的体验者-建构式配置

在本书所选的13个情感词中，具有积极效价的情感词有5个，它们是"爱""快乐""高兴""感动""不怕"。在体验者-建构式的配置方式中，它们能够体现的人际功能有赞赏、要求、安慰（2）和道歉（2）。

4.1.1.1 赞赏

赞赏对互动性评价对象具有正面的价值期盼。在体验者-建构式的赞赏中，互动性评价对象的责任者充当了积极情感的体验者（见图4-1）。情感配置模型的成分之间具有和谐关系，即情感与触发物成分的因果关系在文化语境内广为认可。

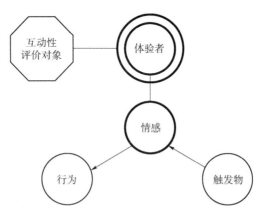

图4-1 赞赏的情感配置模型特征（体验者-建构式配置）

注：情感配置模型中加粗的成分表示该人际功能所涉及的成分

体验者-建构式赞赏的典型情感词是"不怕"。例如，
(1)（乾隆宣布将小燕子和紫薇处斩，小燕子和紫薇在赴刑场的路上）

两人这样一唱，围观群众更是如疯如狂。大家七嘴八舌地喊道：

"看啊！看啊！她们还唱歌呢！**她们一点都不怕，好勇敢**！好伟大！比男人都强！"

——《还珠格格续集》

例（1）的话步"她们一点都不怕，好勇敢！"具有赞赏功能。该实例的互动性评价对象是紫薇和小燕子的品格。互动性评价的责任者（小燕子和紫薇）通过体验者共鸣关系被纳入"不怕"的情感配置模型中，占据了情感配置模型中体验者的位置，所以"不怕"所体现的情感意义具备了向互动性评价转化的第一个条件。

接下来，"不怕"这一情感意义需要向互动性评价对象赋予正面价值。这一任务由模型关系系统完成。在该系统中，"不怕"与其语境变量具有建构式配置关系。也就是说，模型成分之间具有和谐的关系。"不怕"的触发物一般是令人畏惧的事件，在例（1）中，"不怕"的触发物是紫薇和小燕子赴死的这一未然事件，这完全满足社会规约对这对情感与触发物关系的期盼，所以我们说二者具有和谐关系。在表层评价层次上，情感词"不怕"描述其体验者紫薇和小燕子面对死亡的情感反应，所以它体现了态度系统中的情感范畴。但是在互动性评价层次上，情感词"不怕"的评价对象发生了改变，变成了第三方的品格。根据评价系统，当评价性意义的评价对象是人的行为时，那么它应该属于判断范畴。根据判断范畴的标准，当一个人面对死亡而表现出毫不畏惧，也就是"不怕"的情感时，他的品格是值得尊敬的，即具有积极的社会评判价值，这种积极的社会评判价值赋予互动性评价对象正面价值。例（1）的情况与 Martin 和 Rose（2003）的观点刚好一致。他们曾经指出，对私德（社会评判）的正面评价是对评价对象的"赞美"（admire）。

上面的分析再次验证了本书的基本观点，情感意义之所以能够发挥人际功能是它与语境变量合理配置的结果。在表层评价中，体验者所获得的价值与情感意义的效价一致；在互动性评价中，情感意义的效价不直接发挥作用，而是通过与语境变量相互配置转化成为互动性评价对象的价值。这样情感词在两个评价层次所属的范畴经常有所差异：一般而言，在表层评价层次上，情感词总是属于情感范畴，但是在互动性评价层次上，情感意义与语境变量进行配置，它们多数体现判断范畴的意义，少数情况下体现情感意义和鉴赏意义（详见本书的第 4 章至 6 章的论述部分）。对人际功能发挥关键性作用的是互动性评价，因为只有互动性评价最终会对人际功能的责任者产生影响。

4.1.1.2 要求

要求的互动性评价对象是言者要求听者执行的行为。要求对互动性评价对象具有正面的价值期盼。在采用了体验者-建构式配置的要求中，互动性评价对象与情感配置模型中的两个成分相关：行为要求的执行者，即责任者，与体验者具有同指关系；二是责任者的未然行为与情感行为具有同指关系。我们在理论框架部分提到，共鸣类型的判断是以互动性评价的责任者为依据的，所以我们仍然将这类要求归为体验者共鸣的情况（见图4-2）。

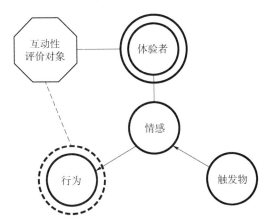

图4-2　要求的情感配置模型特征（体验者-建构式配置）

注：图中的虚线表示相关，但非共鸣成分。

在体验者-建构式配置的要求中，模型成分之间的和谐关系体现在触发物、体验者和情感3个成分对情感行为的支持。言者首先会为情感配置模型建构体验者、触发物和情感成分，在此基础之上，他会采取显性或隐性的手段将自己对听者的行为要求纳入情感行为的位置。在要求中，互动性评价对象的价值期盼并非源自情感词的效价，而是源于情感配置模型的成分之间的合理关系，即情感行为是情感的合理结果。

这类要求的典型的情感词是"爱"。例如，

（2）（兰馨公主和吟霜两人的丈夫皓祯即将被处斩。吟霜恳求公主为皓祯说情）

她（吟霜）往前一步，急促地抓住了公主的双臂，忍不住就给她一阵摇撼。"公主！请你清醒过来！你一定要清醒过来！因为皓祯已到最后关头，明日午时，就要处死了！不管他是真皇亲，还是假皇亲，他是真贝勒，还是假贝勒……他都是我们两个人的丈夫呀！**（他）是我们两个人都深深爱着的，唯一的，真正的丈夫呀！**"

——《梅花烙》

例（2）中的话步"（他）是我们两个人都深深爱着的，唯一的，真正的丈夫呀！"对兰馨公主具有要求的功能。该要求的责任者——兰馨公主，被识解为情感配置模型中的体验者；兰馨公主的行为被识解为情感配置模型中的情感行为。这样互动性评价对象在"爱"的情感配置模型中占据了体验者和情感行为两个位置，所以具备了获得情感配置模型所传递的评价意义的资格。

要求的体验者和触发物之间坚固的支持关系是要求功能得以体现的关键。例

（2）中，因为皓祯是兰馨公主的丈夫，所以兰馨公主对他的爱是毋庸置疑的。具备了体验者和触发物的关系之后，关于情感配置的模型得以确定下来。但是这还不够，因为言者建构该情感配置模型的最终目的是为了能够将要听者执行的行为也纳入情感配置模型之中，从而能够让行为要求获得情感配置模型所赋予的正面价值。我们知道情感和情感行为之间具有因果关系。当情感成分被确立了之后，情感行为是情感的必然结果。在例（2）的情景语境中，"营救皓祯"的行为是"爱"最合理的情感行为。言者选择了隐性的方式将对责任者的行为要求识解为情感配置模型中的情感行为。

由此可见，在要求中，互动性评价对象获得正面价值并非源于情感词本身的效价，而是源于情感配置模型的成分之间合理的逻辑关系。情感词"爱"也在两个评价层次上发挥了评价功能。在表层评价层次上，她评价体验者（兰馨公主）对皓祯的情感反应，体现了情感范畴的意义；在互动性评价层次上，情感配置模型中的情感、触发物、情感行为作为一个整体，它们的评价对象是话步的互动性评价对象。这时情感配置模型向互动性评价对象赋予了正面的判断价值，具体地说是积极的社会约束意义。这样，积极的社会约束意义转化为互动性评价对象的正面价值，"爱"完成了从表层评价向互动性评价的转化，其所在话步向听者实施了要求的功能。

4.1.1.3 安慰（2）

安慰（2）的互动性评价对象是听者改善情感状态的行为，它对互动性评价对象具有正面的价值期盼。安慰（2）的互动性评价对象也与情感配置模型中的两个成分相关：安慰的责任者是情感配置模型的体验者，责任者改善情感的行为与情感配置模型的中心——情感重合（见图4-3）。

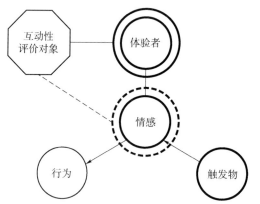

图4-3 安慰（2）的情感配置模型特征（体验者-建构式配置）

在安慰（2）中，情感词的功能比较特殊。在其他人际功能中，情感词的主要功能是向互动性评价对象赋予价值；而在安慰（2）中，情感词具有双重功能，它既要向互动性评价对象赋予价值，又构成了互动性评价对象的一部分，因此从这个意义上来说它也在向自己赋予价值。评价对象和评价范畴相互融合的现象并不罕见。Thetela（1997）[103-104]发现学术语篇中的名词经常会出现这种融合现象。比如"证据"这个词，它既可以指称某个客观世界的实体，以区别于"图表""统计数据"，也具有一定的评价意义。因为科学研究的基本目标就是发现事实，这样"证据"这个词在学术语篇的环境中就具有了正面价值。

安慰（2）中的积极情感处于未然状态。与已然性的情感相比，显然该情感配置模型是不够稳定的。为了保证安慰的效果，言者总是想办法为积极的情感提供支持。这种支持多来自情感配置模型中的触发物，言者一般会想办法在上下文语境中为积极情感树立稳固的触发物。

这类安慰中典型的情感词是"爱""高兴""不怕"和"快乐"。

（3）（世谦和青楼女子浣青情深意重。二人被迫分别6年后重逢，浣青万分感伤）

（世谦）① "……**浣青，六年离别，今日相聚，我们正该高兴才是**。② 浣青，以前的艰难困苦都过去了，让我们重建百年的美景吧，好吗？……"

——《杨柳青青》

例（3）中的话步"浣青，六年离别，今日相聚，我们正该高兴才是"是安慰（2）的实例。安慰（2）的责任者是听者浣青，她在情感配置模型中充当体验者；责任者改善情感状态的行为与情感配置模型的核心成分"高兴"具有重合关系。基于这两个相关性条件，互动性评价对象具备了获得情感配置模型所传递的评价意义的资格。

如前所述，在安慰（2）中，模型的核心成分——情感，具有未然的现实性特征，所以安慰的效果特别依赖于情感配置模型中的其他语境变量的支持，尤其是触发物的支持。触发物是情感产生的原因，当积极情感的触发物被建构起来之后，那么积极情感就有了基础。在例（3）中，言者（世谦）为了达到安慰的目的首先为"高兴"建构了触发物。"六年离别，今日相聚"表明这场相聚是来之不易的，所以对这样珍贵的触发物合情合理的情感反应应该是"高兴"，而不是伤感。世谦在接下来的话步②中还加强了该触发物。"以前的艰难困苦都过去了"，为消极情感的终止以及积极情感的产生扫除了障碍。

在安慰（2）中，互动性评价对象所获得的正面价值源于情感词与触发物之间的和谐关系。情感词的表层评价对象和互动性评价对象相一致，都是体验者的情感反应，因此二者都属于情感范畴，具有积极的情感意义。积极情感范畴意义最终转化为互动性评价对象的正面价值，满足了人际功能对互动性评价对象的价值期盼。

4.1.2 消极情感词的体验者-建构式配置

在13个情感词中，具有消极效价的情感词有8个，它们是"恨""生气"

"痛苦""担心""害怕""抱歉""讨厌"和"委屈"。在体验者-建构式的配置方式中，它们能够体现的人际功能是安慰（1）和拒绝。

4.1.2.1 安慰（1）

我们在第3章曾经提到，安慰（1）和安慰（2）对听者虽然都具有安慰的效果，但是它们采取的策略不同。安慰（1）采取了同情的策略，该功能对互动性评价对象（听者的情感状态）具有负面的价值期盼；而安慰（2）是对听者的情感要求，该功能对互动性评价对象具有正面的价值期盼。

与安慰（2）相似的是，安慰（1）的互动性评价对象与情感配置模型中的两个成分相关（见图4-4）：首先，安慰（1）的互动性评价的责任者是情感配置模型的体验者；其次，安慰（1）中关于责任者的事件与情感配置模型的中心成分——情感，具有重合关系。所以同安慰（2）一样，情感词既要向互动性评价对象赋予价值又构成了互动性评价对象的一部分。但是在安慰（1）中，情感配置模型又存在一些与安慰（2）不同的特点。在安慰（1）中，语境中往往有十分明显的足以引发听者消极情感反应的事件存在。由于听者和言者的密切关系，这些事件信息一般是他们所共享的。所以在安慰（1）中，情感配置模型相当于已经具有了触发物，言者需要做的就是识解出由这些触发物所导致的情感的类型。因为触发物是已然的，所以安慰（1）中的情感也是已然的。如果言者所识解的情感类型为听者本人所认可，那么情感配置模型就会被确定下来。这说明言者能够理解听者的感受，与听者具有相同的立场，听者会因此得到安慰；反之，如果言者所识解的情感类型不能得到听者的认可，那么触发物和情感之间的关系就不够稳固，或者说不合理。这说明言者没有理解听者的感受，与听者的立场不同，因此也就达不到安慰的目的。

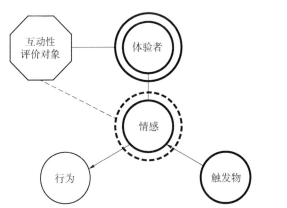

图4-4 安慰（1）的情感配置模型特征（体验者-建构式配置）

安慰（1）中典型情感词是"委屈""生气""痛苦""担心""害怕"和"快乐"。例如：

(4)（新月是努达海的妾。努达海的妻子雁姬不准新月参加儿子骥远的婚礼。努达海特意在婚礼期间抽空来安慰新月）

即使如此之忙乱，努达海仍然抽了一个空，回到望月小筑去看新月。握着新月的手，他难过地说："**又让你受委屈了！**"

——《新月格格》

例（4）中，努达海的话步"又让你受委屈了"对听者具有安慰功能。在该实例中，听者新月是互动性评价的责任者，她被识解为情感配置模型中的体验者。新月的情感状态与情感配置模型的核心成分"委屈"相重合。

安慰（1）中，情感配置模型的成分之间具有和谐关系。触发物在语境中比较明确，所以言者一般不需要明确地提及触发物。在例（4）中，努达海并没有提起雁姬对新月的不公正待遇，但是这个触发物在情景语境中对交际双方来说都是明确的。努达海只需要识解出新月的情感反应，二者之间就自然地建立起因果关系，整个情感配置模型也就得以确立了。安慰（1）中的情感词在两个评价层次都属于情感范畴：在表层评价层次，情感词的评价对象是其体验者的情感状态，因此属于情感范畴；在互动性评价的层次，情感词与情感配置模型中的触发物一起评价安慰（1）的互动性评价对象——听者的情感状态，因此也体现了情感范畴的意义。这时互动性评价对象所获得的价值与情感词的效价是一致的。

为什么互动性评价对象（听者的情感状态）获得了负面价值反而能够对评价对象的责任者具有安慰的作用？这与评价意义能够建立参与者之间的亲和关系有关。评价的基本功能可以向现实的或者是潜在的听者表明立场（Martin et al., 2005）[1]。社会成员之间能够建立结盟关系的一个重要原因是他们对蕴含于概念意义中的价值观点相似（Dubois, 2012）[433-451]。当言者向听者描述对方的情感体验时，他主动将自己置于对方的立场，认同对方的情感，承认情感反应的合理性。所以安慰（1）是言者在向听者提供一种情感支持。安慰（1）能否取得预期的效果，取决于言者对听者情感类型的判断是否准确。如果言者所识解的情感并非听者所感，这表明两人的情感立场并不相同，情感支持也就无从谈起，所以相关话步也不会取得安慰的效果。这进一步表明，情感词在安慰（1）中属于态度范畴。

4.1.2.2 拒绝

拒绝的互动性评价对象是听者对言者的行为要求。拒绝对互动性评价对象具有负面的价值期盼。在拒绝中，互动性评价的责任者充当情感配置模型中的体验者成分，而听者要求责任者执行的行为与触发物相关。这里我们要特别强调的是这种"相关"不包括重合的情况。因为在这类拒绝中，体验者不是因为执行行为要求而产生了消极情感，他恰恰是因为无法执行对方的行为要求才产生了消极的情感。正是因为这个原因，我们将这类拒绝归入体验者共鸣，而不是触发物共鸣（见图4-5）。

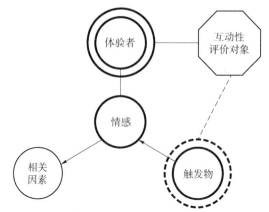

图 4-5　拒绝的情感配置模型特征（体验者-建构式配置）

在语料库中通过体验者-建构式配置体现拒绝功能的消极情感词只有一个，"抱歉"。

（5）（天虹受了重伤，她的父亲纪总管和公公祖望请大夫为其开药方）
"大夫，这边请，笔墨都准备好了，请赶快开方子！"
大夫面容凝重地看着祖望和纪总管，沉痛地说：
"**我很抱歉**！不用开方子了，药，救得了病，救不了命。"

——《苍天有泪》

（6）（霈文想阻止前妻方丝萦回美国，想让她继续留在自己和孩子身边）
"为什么？"他（霈文）的声音仍然温柔，温柔得让人心碎。
她（方丝萦）用力地摇头。"不为什么，不为什么，只是——只是爱情已经消逝了，如此而已！"
"爱情还可以重新培养。"
"不行，霈文，不行。**我抱歉**，真的。我要走了，只希望……"她的声音有些儿哽咽。

——《庭院深深》

在例（5）和例（6）中，言者都是情感配置模型中的体验者。他们因为无法执行对方的行为要求而产生了消极的情感反应。情感配置模型中的触发物成分与互动性评价的责任者的行为相关，但不重合。我们可以将触发物视为是该行为的否定形式，比如在例（5）中，大夫拒绝"开方子"并不是因为该执行该行为要求会让他感到"抱歉"，而恰恰是因为天虹已经到了无药可救的地步，他已经不能开药方挽救她了才会感到"抱歉"。同样，例（6）中，方丝萦"留下来"的行为并不会触发她本人的"抱歉"情感，而恰恰是因为她没有能力留下来或者不意愿留下来才会感到歉意。

拒绝中，情感配置模型的成分之间具有和谐的关系。言者将自己无法满足对方要求的行为作为触发物，在这个触发物的基础上建构自己由此产生的情感反应。在表层评价层次上，情感词用于评价其体验者的情感状态，所以体现消极情感范畴的意义；在互动性评价层次上，情感词与触发物作为一个整体来评价言者无法执行对方要求的行为，应属于判断范畴，更准确地说，在这里情感词与触发物的和谐关系体现了消极的能力意义。消极的能力意义转化为互动性评价对象的负面价值，满足了拒绝功能对互动性评价对象的价值期盼。

以上我们分别阐述了具有积极效价和消极效价的情感词通过体验者-建构式配置所能够体现的人际功能。它们的特点是情感词的效价与人际功能对互动性评价对象的价值期盼具有相同的取向。但是我们在前面多次强调过，在体验者-建构式配置中，互动性评价对象获得正面价值或负面价值的根本原理不在于情感词的效价，而在于情感配置模型的成分之间的和谐关系。这意味着，在情感配置模型成分配置合理的条件下，即使是消极情感词也可能会向互动性评价对象赋予正面价值，我们将这种情况的配置称为和谐关系配置。

4.1.3 和谐关系配置

所谓和谐关系配置是指互动性评价对象所获得的价值与情感词的效价没有直接关系，而完全依赖于模型成分之间的和谐关系。在样本语料库中，我们发现赞赏功能具有这类配置的实例。

如前所述，赞赏对互动性评价对象具有正面的价值期盼。大部分体验者-建构式配置的赞赏都是通过积极情感词体现的。但是有时候，情感配置模型中的触发物和情感之间相互支持的关系本身也能够转化为一种正面价值。例如，

（7）（小燕子和紫薇被老佛爷带回了慈宁宫等候处罚。尔康请求老佛爷的贴身侍女晴儿出面说情）

（晴儿）"好了，说了那么多，你就是要我去帮两个格格说情，是不是？"

尔康又一揖到地。

晴儿瞅着他："我为什么要蹚浑水呢？这事跟我一点关系都没有！"

"你热心，善良，好心……是个最有正义感的姑娘，你和我一样受不了宫闱倾轧，看不惯皇后的作威作福，**（你）最恨别人欺负弱小**，疾恶如仇！你这样正直的人，一定不能眼睁睁看着两个无辜的格格受到委屈！"

——《还珠格格续集》

例（7）中的话步"（你）最恨别人欺负弱小"是个赞赏的话步，尔康赞赏晴儿的真正原因是想要说服她去"帮两个格格说情"。这里赞赏和要求的边界比较模糊，我们暂且只考虑局部话步的功能，而不考虑该话步在整个话轮中的作用。图4-6表征了该实例的情感配置模型特征。

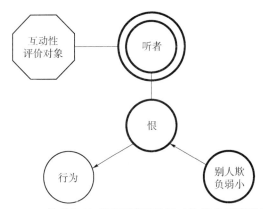

图 4-6　赞赏的情感配置模型特征（和谐关系配置）

其实图 4-6 与图 4-1 的积极情感词体现赞赏功能的配置模型特征完全相同。这里"恨"是具有消极价的情感词，"恨"的对象（触发物）是"别人欺负弱小"的行为。这个触发物本身也具有消极的判断意义。"恨"在表层评价层次上的评价对象是听者的情感体验，因此具有消极的情感意义；但是它在互动性评价层次上却与其触发物作为一个整体对体验者的品格进行评价，因而具有积极的判断意义，具体地说是积极的社会约束意义。这种积极的判断意义满足了赞赏功能对互动性评价对象的价值期盼。

既然消极情感词也可以在体验者-建构式配置中向互动性评价对象赋予正面价值，那么为什么这类赞赏中的绝大部分仍然选择积极情感词？原因在于在采用了体验者-建构式配置方式的赞赏中，言者一般不选择具有标记性的触发物，大多数情况下，触发物本身是没有明显价值取向的。而例（7）中的触发物是标记性的，它具有明显的消极价值。消极的触发物与消极情感词之间产生一种合理的相互支持的关系。假如我们将例（7）中的"恨"替换成积极情感词"爱"，那么它就不再是赞赏，而转为了批评。因为情感词"爱"期待美好的事物作触发物，而当"欺负弱小"成为触发物的时候，那么即便是具有积极效价的情感词也不能向它的体验者传递正面价值。

至此，我们阐释了情感词通过体验者-建构式配置所发挥的人际功能。情感词能够发挥哪种类型的人际功能取决于两方面的因素：

第一，人际功能自身具有限制作用。不同的功能预设了不同的互动性评价对象和价值期盼，情感词的配置只有满足了这这两个条件才发挥特定的功能。

第二，互动性评价对象与情感配置模型之间的关系不同：有些功能的互动性评价对象只与情感配置模型中的体验者相关，如赞赏，有些功能的互动性评价对象与情感配置模型中的两个成分相关，除体验者外，它们还可以与情感行为、情感以及触发物成分建立关联。这样的关联特征使情感意义能够发挥更多的人际功能，如要求、安慰（2）、安慰（1）和拒绝。

4.2 体验者-解除式配置

体验者-解除式配置在共鸣类型系统和模型关系系统中的选择如下：

第一，在共鸣类型系统中选择体验者共鸣，人际功能的互动性评价对象基于体验者身份获得价值。

第二，在模型关系系统中选择模型关系解除，互动性评价对象充当解除情感配置模型的因素。在词汇语法层，模型关系解除有语法和词汇两种体现手段。语法手段是指各种否定的语法标记。汉语中典型的语法否定标记是一些否定副词如"不""别""没""没有""非""甭""勿""莫""不必""不曾""未曾""未尝""无须""毋须""毋庸"等（张斌，2010）[162]。当情感词处于这些否定语法标记的辖域范围内时，它们所具有的价不能直接转变成互动性评价对象的价值，而是与否定意义结合成为一个整体共同完成配置任务。词汇手段主要是各种表示终止意义的词汇，比如"破坏""毁灭"等。上述解除性手段影响了情感、触发物和情感行为之间正常的逻辑因果关系，其结果常常是互动性评价对象获得了与情感词的效价相反的价值。通过体验者-解除式配置，积极情感词能够体现具有负面的价值期盼的功能，消极情感词能够体现具有正面的价值期盼的功能。表4-2总结了体验者-解除式配置所能体现的功能，以及这种配置方式在每种人际功能中所占的比重。

表4-2 体验者—解除式配置的应用情况

人际功能	比重	人际功能	比重
批评	6.0%	拒绝	4.3%
赞赏	4.1%	道歉（2）	83.7%
安慰（2）	70.4%		

如表4-2所示，有5种人际功能采用了这种配置方式。该配置方式在道歉（2）和安慰（2）中所占的比重均超过了60%。但是在其他3种人际功能中所占的比重很少，均不超过6%。在样本语料库中，有5种人际功能没有出现采用这种配置手段的实例，它们是：安慰（1）、道歉（1）、警示、要求以及阻止。

通过这种方式，积极情感词能够体现的功能是批评和拒绝；消极情感词能够体现的功能是赞赏、安慰（2）和道歉（2）。

在本小节的以下部分，我们将描述和阐释积极情感词和消极情感词通过体验者-解除式配置方式所能体现的人际功能。

4.2.1 积极情感词的体验者-解除式配置

通过体验者-解除式配置方式，具有积极效价的情感词能够体现的人际功能是批评和拒绝。

4.2.1.1 批评

体验者-解除式配置在批评中所占的比重很少（6.0%）。批评的互动性评价对象与赞赏相同，都是其责任者的品质或行为。但是批评和赞赏具有相反的价值期盼，前者具有负面的价值期盼，而后者具有正面的价值期盼。在体验者-解除式配置的批评中，互动性评价的责任者与情感配置模型中的体验者成分具有同指关系（见图4-7）。

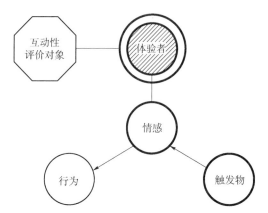

图4-7　批评的情感配置模型特征（体验者-解除式配置）
注：图中的阴影部分表示情感配置模型中的解除性成分。

在体验者-解除式配置的批评中，否定意义的存在使互动性评价对象的责任者充当了缺席的体验者。言者为情感配置模型建构了明确、合理的触发物。虽然规约化的触发物已经存在，它却没有激发社会归约所预期的情感，所以这时触发物和情感成分之间具有不和谐的关系。这种不和谐的关系向体验者成分赋予了负面评价。从评价视角看，缺席的体验者对触发物没有情感的回报，这样的行为具有消极的判断意义，这种消极的判断意义转化为互动性评价对象的负面价值。

这类批评中涉及的情感词有"爱"和"快乐"。

（8）（丈夫明远批评梦竹不能忘怀过去的恋人何慕天，却不把自己放在心上）

梦竹低喊："你根本不懂！我不是爱他，我是恨他！你不知道我恨他恨得有多厉害，他是个掠夺者，夺去了我一生的幸福和快乐……"

"是的，你的一生！"明远的声音更冷了："你自己说明了，他夺走你一生的幸福和快乐，**可见得我并没有给你幸福和快乐**！"

——《几度夕阳红》

例（8）中，话步"可见得我并没有给你幸福和快乐"是对梦竹的批评。批评的责任者梦竹在情感配置模型中充当了缺席的体验者。情感配置模型中的触发物是言者明远。明远作为梦竹的丈夫比任何其他的男人更有资格成为梦竹积极情感的触发物,让梦竹感到"幸福和快乐"。他与梦竹共同生活了十几年,付出了全部的努力,而梦竹却在情感配置模型中扮演了一个缺席的体验者。这种不合情理的缺席,向梦竹赋予了负面价值。

在体验者-解除式配置的批评中,否定的意义与情感词应该视为一个整体,它们共同完成评价的任务。在表层评价层次,"否定+情感词"用于评价体验者对触发物的情感反应,属于情感范畴的意义;在互动性评价层次上,虽然情感配置模型被解除了,但是这并不影响它对互动性评价对象实施评价。只不过情感配置模型中的情感成分与否定意义相互结合在一起,"否定+情感词"与情感配置模型中的触发物作为一个整体评价责任者的行为或品格,因而属于判断范畴。例(8)采用了否定副词"没有"来解除情感配置模型,将情感词"快乐"置于否定意义的辖域内。在互动性评价层次上"没有+快乐"与情感配置模型的触发物一起向批评的责任者梦竹赋予了负面价值。

4.2.1.2 拒绝

体验者-解除式配置在拒绝中所占的比重很少(4.3%)。如前所述(4.1.2.2),消极情感词通过体验者-建构式配置能够体现拒绝的功能。与之相对,积极情感词通过体验者-解除式的配置能够体现拒绝的功能。在这类拒绝中,互动性评价对象与情感配置模型中的两个成分相关:一个是拒绝的责任者(言者),他与情感配置模型中的体验者具有同指关系;另一个是听者要求言者执行的行为,它对应于情感配置模型中的情感行为(见图4-8)。

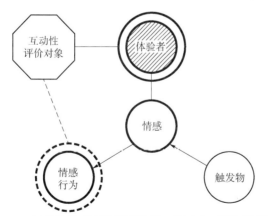

图4-8 拒绝的情感配置模型特征(体验者-解除式配置)

在这类拒绝中,情感配置模型中的体验者也处于缺席状态。为了逃避执行行为要求的义务,言者会主动担当缺席的体验者角色。我们知道,在情感配置模型中体验者和情感行为的实施者对应于同一个参与者,情感行为是体验者在情感动机驱使下的结果。这就意味着,在体验者缺席的情况下,由情感导致的情感行为自然也就不会得以执行。

在样本语料库中,这类拒绝只涉及了一个情感词"感动"。

(9)(高寒是雪珂的前夫,他要求雪珂的现任丈夫至刚为了雪珂的幸福而放弃雪珂)

高寒站起身来,默默地看了至刚好一会儿。

"你一定要一个心碎的、绝望的妻子吗?看着雪珂受苦,就是你的胜利吗?以后还有数十年的岁月,你忍心让雪珂痛楚一生吗?每天面对一个空壳似的女人,这样,你会快乐吗?"

"这些鬼话,全是你的假设!"至刚暴跳着,"雪珂已经选择了我,这就是我的胜利!随你怎么说,**我不会为你们感动的!**"

——《雪珂》

例(9)中,至刚为了达到拒绝的目的将自己识解为缺席的情感体验者。在情景语境中,高寒陈述了一系列的理由,其目的是让至刚成为"感动"情感的体验者。因为只有当至刚具有了体验者身份,他才能够基于"感动"情感采取成全他和雪珂的情感行为。如果"感动"的情感配置模型建构成功的话,那么情感和情感行为之间合理的因果关系就会向互动性评价对象赋予正面价值。但是至刚选择了否定情态词"不会"来解除了高寒为自己设定的情感配置模型。他使自己从该情感配置模型中跳出来,也就摆脱了执行行为的义务。

在这类拒绝中,"否定+情感词"在表层评价层次上的评价对象是言者本人对触发物的情感反应,属于情感范畴;在互动性评价层次上,它们与情感配置模型的其他成分一起对言者执行对方要求进行评价,属于判断范畴的意义。这种判断意义经常是消极的态势性意义,也就是说该行为是不可能发生的。消极的判断意义转化为互动性评价对象的负面价值,满足了拒绝功能对互动性评价对象的价值期盼。

以上我们讨论了积极情感词应用于体验者-解除式配置的情况,下面我们讨论消极情感词应用于这种配置的情况。

4.2.2 消极情感词的体验者-解除式配置

通过体验者-解除式配置,消极情感词能够体现的人际功能是赞赏、道歉(2)以及安慰(2)。

4.2.2.1 赞赏

体验者-解除式配置在赞赏中所占的比重非常少(4.1%)。在这类赞赏中,互动性评价的责任者与情感配置模型中的体验者具有同指关系。情感配置模型中的触发物因素往往并不明确,因为这里触发物并不重要。言者的关注点在于将责任者从情感配置模型中分离开来(见图4-9),能够完成这个任务的仍然是各种形式的否定意义。在这类赞赏中,虽然情感的体验者也处于缺席状态,但是互动性评价对象并未因此而获得负面价值。这是因为情感配置模型的核心成分是具有消极效价的情感,解除性意义和情感作为一个整体向互动性评价对象赋予了与该情感的效价相反的价值。

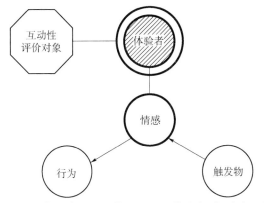

图4-9 赞赏的情感配置模型关系(体验者-解除式配置)

在样本库中有一个情感词"生气"的实例使用了这种配置方式。

(10)(雨凤发现妹妹雨鹃近来不再整日想着复仇,显得快乐而有生气。她对雨鹃新的生活态度表示赞赏。)

(雨凤)"雨鹃,我好喜欢最近的你!"

"哦?最近的我有什么不同吗?"

"好多不同!你快乐,你爱笑,你**不生气**,你对每个人都好……"

——《苍天有泪》

在"生气"的情感配置模型中,情感的体验者雨鹃是缺席的,情感的触发物也是不明确的。我们在前面讨论批评功能的时候(请参见本书的4.2.1.1部分)指出,在有合理的触发物的情况下,一个缺席的体验者会得到负面价值。但是在这个赞赏的实例中,触发物因素被有意地弱化了,说明语境中并没有明显的能够引发"生气"情感的触发因素存在。此外,雨凤让"生气"处于否定副词"不"的辖域之中,解除了"生气"的情感配置模型。一方面配置模型中没有明确的、合理的触发物存在,另一方面否定词对情感配置模型发挥了解除作用,所以例(10)中"生气"的情感配置模型就无法向雨鹃赋予负面价值。

在采用体验者-解除式配置的赞赏中,在表层评价层次上,否定的消极情感词评价体验者的情感状态,体现情感范畴;在互动性评价层次上,否定的消极情感词被用于评价责任者的品格,因此体现判断范畴,具有积极的社会约束意义。这种积极的社会约束意义满足了赞赏功能对互动性评价对象的价值期盼。

4.2.2.2 道歉（2）

体验者-解除式配置是道歉功能中最重要的配置方式（占 83.7%）。道歉（2）的互动性评价对象是听者对言者的谅解行为。道歉（2）对互动性评价对象具有正面的价值期盼。在这类道歉中，互动性评价对象与情感配置模型中的两个成分是相关的：一是互动性评价的责任者与体验者具有同指关系；二是责任者的行为与情感成分具有部分重合的关系，准确地说就是责任者的行为是情感成分的否定形式。

与其他采用体验者-解除式配置的人际功能不同，在这类道歉中，情感的体验者在事实上并未缺席，但是言者想通过否定意义将听者从情感配置模型中分离出来，所以言者解除情感配置模型的突破口仍然是体验者成分。在道歉（2）的情感配置模型中，触发物成分对交际双方来说是明确的，它是言者过去的行为。该行为触发了听者的消极情感反应，如生气、伤心等。在道歉（2）中，言者经常削弱触发物的力量，让对方的情感失去触发物的充分支持，这样消极的情感配置模型就被解除得更为彻底了（见图4-10）。

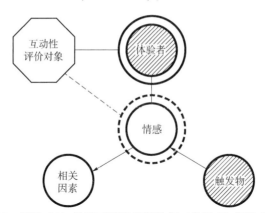

图 4-10　道歉（2）的情感配置模型特征（体验者-解除式配置）

道歉（2）中最典型的情感词是"生气"，解除生气的情感配置模型最常用的两个词是"不要"和"别"。例如：

（11）（涵妮身体孱弱，当她向男友云楼诉说了自己的担心后遭到云楼的阻止，涵妮连忙道歉。）

"云楼，"她慢吞吞地说："你不能这样爱我，我怕没福消受呢！""胡说！"云楼震动了一下，脸色变了。"你这个傻东西，以后你再说这种话，我会生气的！"

"别！别生气！"涵妮立即抱住他，把面颊紧贴在他的胸口，急急地说："你不要跟我生气，我只是随便说说的。"

——《彩云飞》

例（11）中，"别生气"和"你不要跟我生气"代表了道歉（2）最典型的体现形式。言者将"生气"的情感配置模型识解为是业已存在的事实。情感的体验者是听者，触发物是言者在前一个话轮的言语行为，情感成分与言者对责任者的情感要求具有部分重合的关系。"我只是随便说说的"是言者有意削弱触发物力量的话步。

在这类道歉中，互动性评价对象能够获得正面价值的原因是她能解除已有的消极情感配置模型。这时，"否定+情感词"的结构在表层评价层次上和互动性评价层次上所归属的评价范畴是一致的，它们都用于对听者未来的情感状态进行评价，因此都体现了积极的情感意义，属于情感范畴。

4.2.2.3 安慰（2）

在样本语料库中，大部分安慰（2）都采用了体验者-解除式配置（占70.4%）。消极情感词通过体验者-建构式配置能够体现安慰（1）的功能，而消极情感词通过体验者-解除式配置能够体现安慰（2）的功能。

安慰（2）与道歉（2）的情感配置模型特征很相似（请参见图4-10）：它们的互动性评价对象都与情感配置模型中的体验者和情感两个成分相关；它们都要求听者终止消极的情感状态转向积极的情感状态；它们在本质上都属于行为的交换；它们都经常从体验者和触发物两个方面对情感配置模型进行解除（见图4-11）。二者主要的区别是触发物与参与者之间的对应关系不同。在道歉（2）中，言者是消极情感的触发物，但是在安慰（2）中，消极情感的触发物一般是某个不在场的第三方。

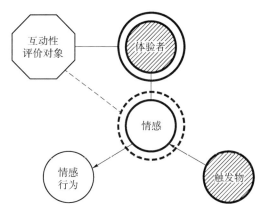

图4-11 安慰（1）的情感配置模型特征（体验者-解除式配置）

这类安慰中所涉及的情感词有4个："担心""生气""害怕""痛苦"。不同的情感词常常与不同的否定标记相搭配（见表4-3）。除了采用否定标记以外，言者还可以采用表示否定和终止意义的词汇、句式。如"我想，我们担心的许多问题，都已经结束了"（引自《星河》）以及"你还担心什么？"（引自《船》）

词汇"结束"以及反问的句式都具有解除情感配置模型的功能。

表 4-3 安慰（2）的否定标记（体验者-解除式配置）

情感词	否定标记
害怕	不要、别、无须、不用、不能
担心	别、不要、不用、不必、不许
生气	别、不要、反问句、何必
痛苦	不要

（12）（小草被冤枉偷走了主人家的项链，所以当世纬找到失散多日的小草后急忙把这个消息告诉他）

"小草！"世纬急忙说："项链已经找到了！**你不用再担心了！**""是吗？"小草满脸发光。

——《青青河边草》

（13）（孟玮看到妻子茵茵每日操劳很心疼）

（孟玮）"我不愿看到你操作，我要让你享受，你懂吗？死后的名利对我们有什么用呢？"

（茵茵）"玮，不要为我担心，**不要为我痛苦**，我过得很快乐，真的。

——《六个梦——生命的鞭》

例（12）和例（13）中，"担心"和"痛苦"被识解为已然的情感配置模型。否定词"不用"和"不要"发挥了解除模型关系的功能，它们试图将体验者从情感配置模型中分离出来。否定词与情感词的整体在表层评价层次和互动性评价层次上都属于情感范畴，因为它们的评价对象都是听者未然的情感状态。对消极情感的否定，使互动性评价对象获得了与情感词的效价相反的价值。

在上述两个实例中，言者还同时对触发物进行了消除。与道歉（2）一样，安慰（2）中的情感配置模型具有已然的现实性特征。互动性评价对象能够获得正面价值是因为她能够解除该情感配置模型。如例（12）中，世纬告诉小草"项链已经找到了"，这样"担心"情感配置模型的触发物就被消除了，互动性评价对象（小草不用再担心）也就具有了可执行性。例（13）中，茵茵告诉孟玮"我过得很快乐"，她的目的也是为了削弱触发物的力量。当触发物的力量被消除或者削弱之后，消极的情感也就没有了根基，原来的情感配置模型就被更彻底地瓦解了。

以上部分阐述了情感词通过体验者-解除式配置所能够发挥的人际功能。有些功能的互动性评价对象仅与情感配置模型的体验者成分发生关联，它们是批评、赞赏；另外一些功能与情感配置模型中的两个成分相互关联，她们是拒绝、道歉（2）和安慰（2）。

体验者-解除式配置的特点是，互动性评价对象因为对情感配置模型具有解除的功能而被赋予了正面或负面价值。体验者成分是解除情感配置模型的最重要突破口。在批评、拒绝以及赞赏中，体验者在情感配置模型中都处于缺席的状态；在道歉（2）和安慰（2）中，听者虽然被识解为事实上的体验者，但是言者通过各种形式的否定意义试图将他们从情感配置模型中分离出来。在道歉（2）和安慰（2）中，言者还会努力地降低触发物的力量，从而使情感配置模型被解除得更为彻底。

4.3 体验者-失调式配置

体验者-失调式配置在共鸣类型系统和模型关系系统中的选择情况如下：

第一，在共鸣类型系统中仍然选择体验者共鸣。互动性评价对象能够获得情感配置模型所赋予的价值是因为其责任者在该情感配置模型中占据了体验者的位置。

第二，在模型关系系统中选择模型成分失调。此时，互动性评价的责任者仍然被纳入情感配置模型中（充当体验者），但是配置模型成员之间的关系是不和谐的。不和谐性主要表现在情感配置模型中的某个成分与情感成分是相排斥的，或者处于失控状态。

这类配置中所涉及的各种配置方式对情感的效价都不敏感，也就是说互动性评价对象所获得的价值往往与情感的效价无关，它们一般会基于模型成分之间的矛盾关系而获得负面价值。采用这类配置方式建构起来的情感配置模型有一个十分明显的特征，即情感配置模型中总有一个语境变量会被识解为失调成分。正因为如此，我们在讨论模型成分失调式配置的时候不再按照从积极情感词到消极情感词的顺序进行讨论，而是以失调成分的类型为线索进行讨论。成分失调有3种可能：触发物失调、情感行为失调和反馈行为失调。

表4-4总结了体验者-失调式配置的话步所能实施的人际功能，以及这种配置方式在每种人际功能实例中所占的比重。

表4-4 体验者-失调式配置的应用情况

体验者-失调式	比重
批评	35.6%
阻止	25.0%
拒绝	8.7%

如表4-4所示，有3种人际功能采用了体验者-失调式配置。该配置方式在批评中最为重要，所占的比重超过1/3；其次是阻止，它在阻止中所占的比重达到1/4；这种配置在拒绝中所占的比重最少，不到10%。这类配置方式只能向互动性评价对象赋予负面价值，因此在样本库中赞赏、要求、安慰（2）、道歉（2）等具

有正面价值期盼的功能都没有采用该配置手段的实例。在具有负面的价值期盼的功能中，警示、道歉（1）以及安慰（1）也没有采用该配置方式的实例。

在样本库中，体验者-失调式配置只有两种类型：触发物失调的体验者-失调式配置（以下简称体验者-触发物失调式配置）和情感行为失调的体验者-失调式配置（以下简称体-情感行为失调式配置）。在本节的以下部分，我们将以失调成分的类型为线索阐述情感词通过体验者-失调式配置所能够体现的人际功能。

4.3.1 体验者-触发物失调式配置

这种配置方式在体验者-失调式配置中所占的比重最大（占71.8%）。它的主要特点是情感配置模型中的触发物被识解为不恰当的成分，情感配置模型中触发物成分和情感成分具有相互矛盾的关系。通过这种配置方式，情感词能够发挥批评和阻止的功能。

4.3.1.1 批评

这类配置方式在批评中比较重要（占35.6%）。这类批评的互动性评价对象与情感配置模型的体验者成分建立了共鸣关系。它的情感配置模型特征与图4-7所表征的体验者-解除式配置的批评十分相似。二者的区别在于采用了体验者-触发物失调式配置的批评中，体验者和触发物成分都没有缺席，只不过触发物成分与情感具有不和谐的关系（见图4-12）。

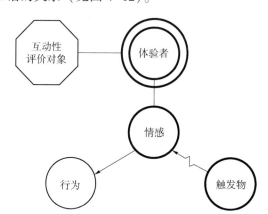

图4-12 批评的情感配置模型特征（体验者-触发物失调式配置）

注：为了表征触发物与情感之间的矛盾关系我们使用了折线来连接情感和触发物成分。

这类批评中，既可以使用积极情感词，也可以使用消极情感词。作为体验者的互动性评价对象所获得的负面价值并非源于情感本身的效价，而是源于情感与触发物之间的失调关系。

可以用于这类批评的典型积极情感词是"爱""高兴""不怕"。它们在模型关系建构中能够向体验者赋予正面价值，但是在这种配置中，情感与触发物的不和谐关系向话步的互动性评价对象——体验者，赋予了负面价值。

（14）（亚萍是丹枫已故姐姐的好朋友。当丹枫告诉亚萍她爱上了姐姐的前任男友江淮的时候，亚萍批评了她）

（亚萍）她猛然间发作了，带着那女性善良的本性，和正直的本能，她叫了起来："你昏了头了！丹枫，全台湾的男人数都数不清，任何一个你都可以爱，**你为什么要去爱他**？你的理智呢？你的头脑呢？你的思想呢？你怎可以去爱一个凶手？"

——《雁儿在林梢》

例（14）中，"爱"本身是积极的情感，在和谐的情感配置模型中，她的触发物是美好的人或事物。但是在这里她的触发物却是承载了消极价值的江淮。在故事中，亚萍认为江淮就是害死慕枫姐姐的凶手，所以丹枫爱上江淮就是爱上了杀害自己姐姐的凶手。这时"爱"本身的积极的效价已经完全被触发物掩盖了，它已经不能向体验者赋予正面价值。情感配置模型中的情感成分和失调的触发物一起向体验者赋予了与情感词的效价相反的负面价值。

可以用于这类批评的典型的消极情感词是"恨""生气""讨厌""痛苦""委屈"。这些情感配置模型中的触发物往往在伦理道德的标准下具有不恰当性，或者根本就是无中生有。

（15）（孟太太破坏了儿子和宛露的恋爱关系，孟樵几天不和母亲说话，母亲批评了他）

"樵樵！我们怎么了？"孟太太打断了他的思潮，她的声音悲哀而绝望，"你知道吗？这几天以来，你没有主动和我说过一句话！我知道你在想些什么，**你在恨我！为了宛露，你在恨我！**"

——《我是一片云》

例（15）中的话步"你在恨我！为了宛露，你在恨我！"中，樵樵"恨"的触发物是自己的母亲（的行为）。无论母亲做错了什么，"恨"自己的母亲都是有悖社会伦理道德的，因此该触发物不能为"恨"的情感提供合理的支持。

上述实例中，体验者的情感所涉及的触发物在情景语境中都是不合理的。这说明一般情况下，体验者并不会因为产生了某种消极情感就被直接地赋予负面价值。以生气为例，当言者说"×生气了"，他未必就是在批评情感的体验者。判断该话步是否具有批评的功能要看触发物与情感的关系。当体验者生气是因为第三方的无礼行为（如其丈夫的酗酒行为）所导致的，这时言者说"×生气了"是对触发物的指责；而在下面的两种情况下，体验者都会受到批评：①当触发物根本就微不足道的时候，如"动不动就生气"；②当触发物具有特殊的身份承载了积极价值的时候，如与自己的母亲生气，或者因为他人善意的行为而生气。这再次说明批评中互动性评价对象所获得的负面价值并非源自情感的效价，而是源于情感与触发物之间的失调关系。当情感配置模型中的触发物与情感成分发生矛盾的时候,体验者成分往往就会得到负面价值。

在这类批评中情感词在两个评价层次上具有较大的差异。在表层评价层次上情感意义的评价对象是其体验者对触发物的情感反应,属于情感范畴,此时体验者所获得的价值与情感的效价是一致的;在互动性评价层次上,情感意义与情感配置模型中的触发物成分作为一个整体对责任者的行为进行评价,因此属于判断范畴。这时,无论情感词有积极的还是消极的效价,互动性评价对象所获得的价值都是负面的。

4.3.1.2 阻止

这类配置方式在阻止中所占的比重不大(13.2%)。阻止功能的互动性评价对象是听者正在实施的或者是即将实施的某个行为。阻止对互动性评价对象具有负面的价值期盼。在这类阻止中,互动性评价对象与情感配置模型可以有两种关联方式:第一种关联方式是互动性评价对象与情感配置模型中的一个成分相关,也就是互动性评价的责任者与情感配置模型中的体验者成分具有同指关系(见图4-13);第二种关联方式是互动性评价对象与情感配置模型中的体验者和情感行为同时相关(见图4-14)。

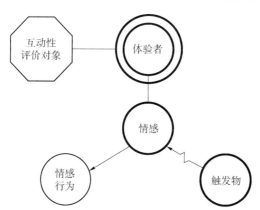

图 4-13 阻止的情感配置模型特征(体验者-触发物失调式配置 1)

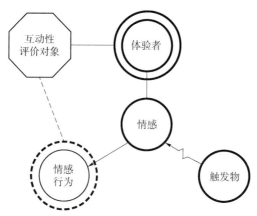

图 4-14 阻止的情感配置模型特征(体验者-触发物失调式配置 2)

同批评一样，这类阻止中既可以使用积极情感词也可以使用消极情感词。情感意义与失调的触发物共同向互动性评价对象赋予了负面价值。

积极情感词主要使用第一种关联方式。可以用于这类阻止中的典型的积极情感词是"不怕"和"快乐"。

（16）（云翔怀疑妻子天虹与哥哥云飞有私情。他与云飞发生争执，差点推倒怀有身孕的天虹。母亲品慧赶紧出面制止）

这样一闹，丫头家丁都跑出来看，阿超奔来，品慧也出来了。

"哎哟！又怎么了？云翔，你又和老大吵架了吗？别在那儿拉拉扯扯了，**你不怕碰到天虹吗**？人家肚子里有孩子呀！"品慧惊喊。

——《苍天有泪》

例（16）中，"不怕"的触发物是"碰到天虹"。因为天虹已经怀孕，一旦有了闪失后果不堪设想。对这样的触发物都"不怕"是不可能的，所以在"不怕"的配置模型中，情感和触发物也是严重失调的。其实"不怕"在这里是言者对未来事件可能性的评价，具有情态意义。品慧真正的用意是"你们拉拉扯扯会碰到天虹的"。"你不怕碰到天虹吗？"既可以看成一个阻止也可以看作是一个警示，二者的共同的特征是向听者的行为赋予负面价值。

消极情感词主要使用第二种关联方式。可以用于这类阻止中的典型的消极情感词是"生气"。

（17）（诗卉给小双送来了哥哥的情书，却碰了钉子。因此打算离开，小双拦住了她）

我（诗卉）觉得兴致索然了，站起身来，我说："好了，我要回去了。"

小双用手臂一把圈住了我，笑着说："你敢走！**你走就是和我生气**！坐下来，我给你倒茶去！"

——《在水一方》

例（17）中小双为了阻止诗卉离开，她建立了一个"生气"情感的虚拟配置模型。因为情感和情感行为具有内在的因果关系，有了情感引发的行为，预设了一定会有引发行为的情感，有了情感也意味着一定会有触发情感的触发物。在这个虚拟的情感配置模型中，小双让诗卉走的行为充当情感行为，让"生气"作为引起该情感行为的情感，又让自己的行为充当了情感的触发物。情感配置模型的这3个成分具有牵一发而动全身的效果，只要一个为真，其他两个也就为真。因为小双是诗卉最好的朋友，所以她不应该成为对方消极情感的触发物。一旦诗卉实施了离开的行为，那么配置模型就成立了，而该情感配置模型具有失调的触发物，会向她的体验者赋予消极价值。所以为了避免这个情感配置模型的建构成功，诗卉不应该实施离开的行为。

无论采用哪种关联模式，触发物在情感配置模型中都扮演了一个不恰当的成分。情感意义在表层评价层次上仍然属于情感范畴，这时情感的体验者所获得的价值与情感的效价具有相同的取向；但是在互动性评价层次上，它们与触发物作为一个整体共同评价责任者的行为（互动性评价对象），所以属于判断范畴。这时互动性评价对象所获得的价值与情感词的效价没有直接的关联，完全来自情感和触发物之间的矛盾关系。

4.3.2 体验者-情感行为失调式配置

这类配置方式在体验者-失调式配置中所占的不大（仅占19.0%）。它的主要特点是情感配置模型中的情感行为被言者识解为不恰当的成分，情感行为与情感成分具有不和谐的关系。这种不和谐性有两种情况：一种情况是二者相互矛盾，另一种情况是情感行为是失控的。通过这种配置方式，情感词能够发挥阻止和拒绝的功能。

4.3.2.1 阻止

这类阻止在全部的阻止实例中所占的比重不大（占11.8%）。在这类阻止中，互动性评价对象与体验者和情感行为两个成分相关。但是因为互动性评价对象所获得的价值是基于互动性评价对象的体验者身份的，所以我们认为这类阻止仍然属于体验者共鸣。在阻止中，失调的情感行为既可以是与情感相互矛盾的行为也可以是因为情感而失去控制的行为（见图4-15）。

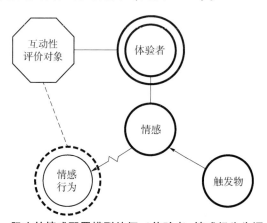

图4-15 阻止的情感配置模型特征（体验者-情感行为失调式配置）

可以用于这类阻止中的典型的积极情感词是"爱""感动""高兴"。我们这里仅以"爱"为例进行说明。

(18)（许太太是宛露的生母，在将宛露托付给段太太20年后，她想让宛露离开养母一家，跟自己生活。这遭到了宛露的拒绝）

她（宛露）疲倦地仰靠下去，头倚在枕头上，轻声地说："**假如你还爱我，**

帮我一个忙，别再来增加我爸爸妈妈的苦恼！我妈——"她轻柔地用手拉住段太太，"为了这件事，头发都白了。"

——《我是一片云》

例（18）中，"假如你还爱我，帮我一个忙，别再来增加我爸爸妈妈的苦恼！"是具有阻止功能的话步。阻止的互动性评价对象是许太太再次打扰她和养父母一家的平静生活的行为。该互动性评价对象的责任者（许太太）是情感配置模型中的体验者，责任者的行为被识解为情感配置模型中失调的情感行为。该行为和"爱"的情感之间的矛盾关系表现为，如果许太太是"爱"的体验者，那么她就会为宛露着想，打扰宛露和养父母的生活的行为就不应该再发生。如果该行为发生的话，这就说明许太太并不爱宛露，因为扰乱亲生女儿的生活不是一个爱女儿的妈妈应该实施的行为。

例（18）说明，情感和行为之间的矛盾关系有时未必总是需要社会规约作为评判标准的，言者为了达到交际目的经常主动建构起来一些情景语境中所特有的评判标准。

可以用于这类阻止中的典型消极情感词是"生气"。

（19）（乾隆得知紫薇和小燕子在身世上欺骗了自己，非常气愤。皇后借机要求乾隆将她们送宗人府法办，令妃极力阻止）

皇后当机立断，对乾隆大声说："今天，只是一个'家审'，臣妾以为，到此为止，他们大家狼狈为奸，已经是逃不掉的事实了，如何定罪，如何审判，自有宗人府去裁决！不如把他们都交给宗人府关起来！"

令妃大惊，喊："皇上！您要想明白啊！福伦一家，为国家屡立战功，是您钟爱的臣子，尔康更是西藏土司选中的驸马，您不要因为一时生气，让亲者痛，仇者快呀！"

——《还珠格格》

例（19）中，话步"您不要因为一时生气，让亲者痛，仇者快呀！"也发挥了阻止的功能。阻止的互动性评价的责任者（乾隆）是情感配置模型中的体验者，他即将把小燕子等人法办的行为被言者（令妃）识解为情感行为。该情感行为虽然与"生气"具有合理的因果关系，但是却会产生"让亲者痛，仇者快"的严重后果，所以该行为是由情感导致的失控行为，因而也属于失调类情感行为。

互动性评价对象所获得的负面价值来源于情感与失调的情感行为在互动性评价层次所产生的消极判断意义，具体地说就是当情感与失调的情感行为相配置的时候，它们具有消极的恰当性意义，这种消极的恰当性意义转化为互动性评价对象的负面价值。互动性评价对象所获得的负面价值进而又转化为"不应该"的情态意义。阻止的责任者因此被置于停止实施某个行为的义务之中。这时，情感意义在表层评价层次仍然属于情感范畴，它用于评价体验者对触发物的情感反应。

4.3.2.2 拒绝

这类拒绝在所有拒绝的实例中所占比重不大（占 8.7%）。这类拒绝的配置模型结构特征与体验者-解除式配置的拒绝类似（请参见图 4-8），互动性评价对象也与体验者和情感行为两个成分相关。互动性评价的责任者（言者）是情感配置模型的体验者，责任者的行为充当了情感行为。但是在这里，情感的体验者并未缺席，只不过情感行为与情感相对立（见图 4-16）。

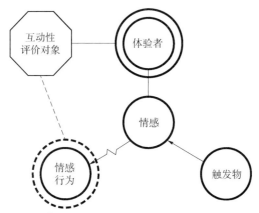

图 4-16　拒绝的情感配置模型特征（体验者-情感行为失调式配置）

可以用于拒绝的典型的情感词是"爱"。

（20）（江雁容要求李立维同她离婚，遭到李立维的拒绝）

（江雁容）"……立维，饶饶我，我们分手吧！"

（李立维）"不！无论如何我不能放你！"他说，像个孩子般流泪了，"我有什么过失，你告诉我，我一定改，但是，不要离开我！"他用手抓住她的衣服，**"我爱你，雁容！"**

——《窗外》

例（20）中，话步"我爱你，雁容！"对听者的要求具有拒绝的功能。拒绝的互动性评价的责任者（言者）将自己识解为情感配置模型的体验者，而将自己"离婚"的未然行为识解为与"爱"的情感相对立的情感行为。

在这里，互动性评价对象所获得的负面价值源于情感和情感行为之间的矛盾关系，而与情感意义本身的效价无关。如果明明爱着对方，却要执行与对方离婚，这样的情感和行为之间肯定是相互矛盾的。情感和情感行为之间的矛盾关系产生了消极的判断意义，具体地说是消极的恰当性意义。消极的判断意义转化为互动性评价对象的负面价值，满足了拒绝功能的价值期盼。这里情感词"爱"在表层评价层次上仍然属于情感范畴，它的表层评价对象——体验者的情感，所获得的价值与情感词的价具有相同的取向。但是在互动性评价层次上，"爱"与情感行为之间的不和谐关系却向互动性评价对象赋予了负面价值。这表明，例（20）中情感词在两个评价层次上的价值是相反的。

本节阐述了情感词通过体验者-失调式配置方式发挥人际功能的原理。这类配置方式所涉及的人际功能的数量比较少（只有 3 种）。互动性评价对象只与体验者成分相关的功能是批评功能以及使用了积极情感词的阻止；互动性评价对象与体验者和情感行为都相关的功能是采用了消极情感词的体验者-触发物失调式配置的阻止以及采用了体验者-情感行为失调式配置的阻止和拒绝。

无论是积极情感词还是消极情感词，它们通过体验者-失调式配置只能够体现具有负面的价值期盼的功能。互动性评价对象所获得的负面价值源于情感配置模型中的某个成分与情感成分的对立关系，或者是情感行为的失控状态。情感配置模型中的失调成分是成功配置的关键性因素。在体验者-触发物失调的功能中，触发物成分与情感具有不和谐的关系，采用这类配置方式的人际功能有批评和阻止；在体验者-情感行为失调的功能中，情感行为成分与情感具有不和谐的关系，采用这类配置方式的人际功能有阻止和拒绝。

4.4 小　　结

本章我们论述了体验者取向的配置方式在对话中发挥人际功能的情况，具体涉及体验者-建构式配置、体验者-解除式配置以及体验者-失调式配置。这 3 种配置方式的共同特点是互动性评价的责任者与情感配置模型中的体验者具有同指关系。互动性评价对象基于其责任者的体验者身份获得情感配置模型所赋予的价值。除了体验者以外，互动性评价对象还可以与情感配置模型中的其他成分建立关联，最常见的是与情感配置模型中的情感行为发生关联。此外，互动性评价对象还可以与情感、触发物发生关联。在大多数情况下，情感意义在表层评价层次以及在互动性评价层次上所属的态度范畴是不同的。在表层评价层次上，它们都属于情感范畴，但是在互动性评价层次上，她们却属于判断范畴。互动性评价对象所获得的正面和负面价值就来源于积极和消极的判断意义。只有在体验者-解除式配置的安慰（2）和道歉（2）中，情感词在两个评价层次上同属于情感范畴。

第5章 触发物取向的配置方式

本章的任务是讨论情感词通过触发物取向的配置方式在对话中能够体现的人际功能。本章分为4小节：第一小节讨论触发物-建构式配置，第二小节讨论触发物-解除式配置，第三小节讨论触发物-失调式配置；第四节为小结部分。讨论的顺序及线索与第4章相同。

5.1 触发物-建构式配置

触发物-建构式配置在共鸣类型系统和模型关系系统中的选择情况如下：

第一，在共鸣类型系统中选择触发物共鸣。该共鸣类型的特征是人际功能的互动性评价对象与情感配置模型中的触发物成分具有同指关系。互动性评价对象因为自己的触发物身份取得正面或负面价值。与体验者-建构式配置不同，采用触发物-建构式配置的人际功能，其互动性评价对象只能与情感配置模型中的一个成分，即触发物成分建立关联。

第二，在模型关系系统中选择模型关系建构。与体验者-建构式配置一样，触发物成分与情感配置模型的其他成分具有和谐的关系。情感的效价与人际功能的价值期盼具有以下关系：具有积极效价的情感词一般可以体现具有正面的价值期盼的人际功能；而具有消极效价的情感词一般可以体现具有负面的价值期盼的人际功能。

表5-1总结了触发物-建构式配置所能体现的功能，以及这种配置方式在每种人际功能中所占的比重。

表 5-1 触发物-建构式配置的应用情况

人际功能	比例	人际功能	比例
赞赏	83.7%	要求	7.1%
批评	25.6%	道歉（1）	98.8%
警示	84.0%	拒绝	21.7%
阻止	25.0%		

总体来看，触发物-建构式配置是最为重要的配置方式，在样本语料库的相关功能的实例中它们所占的比例达到了31.5%。如表5-1所示，采用这种配置手段的人际功能有7种。这种配置方式在赞赏、道歉（1）以及警示3种人际功能中所占的比重超过了80%。因此该配置方式是上述3种功能中最重要的配置方

式。触发物-建构式配置在批评、阻止和拒绝中也比较重要,它在这3种功能中所占的比例都超过了20%。触发物-建构式配置在要求当中所占的比重最低,只占不到10%的比例。在样本库中,有3种人际功能没有采用这种配置的实例,它们是道歉(2)、安慰(2)、安慰(1)。

通过这种配置方式,互动性评价对象所获得价值与情感词的效价具有一致取向。积极情感词能够体现的功能包括赞赏、要求,消极情感词能够体现的功能包括批评、道歉(1)、警示、阻止、拒绝。

5.1.1 积极情感词的触发物-建构式配置

通过触发物-建构式的配置方式,积极情感词能够体现的人际功能是赞赏和要求。

5.1.1.1 赞赏

触发物-建构式配置是赞赏最重要的配置方式(占83.7%)。在这类赞赏中,互动性评价对象与情感配置模型中的触发物重合。情感配置模型成分之间具有和谐的关系,这种和谐的关系主要表现为情感和触发物之间的相互支持(见图5-1)。因为情感和触发物之间的因果关系对互动性评价对象所需求的价值至关重要,所以言者通常会采用比较权威的情感来源,比如言者经常将自己识解为情感的体验者。

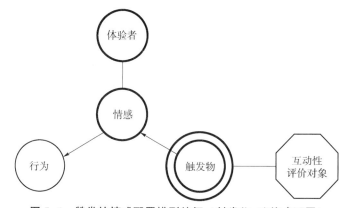

图 5-1 赞赏的情感配置模型特征(触发物-建构式配置)

言者可选择的情感词有"感动""高兴""爱"和"快乐"。

(1)(纪远和可欣夫妇俩从孤儿院里领养了好朋友的遗孤,他们的爱心得到了孤儿院院长的称赞)

他们在三小时之内,办妥了领养的手续,这可能是这育幼院里办得最快的一次领养手续了。办完之后,那院长点着头说:"**你们的热情实在使我感动**,尤其你们才刚刚回国。"

——《船》

(2)（小燕子对乾隆的回答让他十分满意，因此乾隆表扬了她）

（小燕子）"……因为从小，我就听说'好人有好报'这句话，所以也希望自己是个大大的好人！"

乾隆满意地颔首："这就对了。小燕子，你越来越有长进了，**朕打心眼里替你高兴**。"

——《告慰真情》

例（1）和例（2）中的话步"你们的热情实在使我感动"以及"朕打心眼里替你高兴"具有赞赏的功能。赞赏的互动性评价对象是分别是"纪远夫妇收养孤儿的善举"以及"小燕子越来越有长进"的表现。这两个赞赏的互动性评价对象与情感的触发物完全是重合的，二者具有同指关系。为了增强配置的有效性，在这两个实例中言者都将自己识解为情感的体验者。Bednarek（2008）将这类情感称为作者情感（authorative affect）。与非作者情感相比，作者情感更加可信，因为人们对自己的情感具有绝对的权威。当言者对听者宣称自己具有某种情感体验的时候，其他人很少能够提出质疑。作者情感的权威性有助于在情感和触发物之间建立牢固的因果关系。

这类赞赏的互动性评价对象所获的正面价值主要依赖于触发物和情感之间的因果关系。情感词在表层评价和互动性评价两个层次上的评价对象和评价范畴不同。在表层评价层次上，情感词评价情感体验者对触发物的情感反应，属于情感范畴。在这个层次上，评价对象所获得的正面价值来源于情感积极的效价；在互动性评价层次上，情感配置模型中的触发物和情感成分作为一个整体评价责任者的行为、品格，因而驱动了判断范畴的意义。触发物和积极情感之间的逻辑因果关系在社会伦理道德的标准下具有积极的恰当性意义。这种积极的判断意义转化成为互动性评价对象的正面价值。

5.1.1.2 要求

触发物-建构式配置在要求中所占的比重较小（7.1%）。在这类要求中，互动性评价对象与情感配置模型中的触发物重合（见图5-2）。情感配置模型的触发物和情感都处于未然状态，二者之间具有条件因果关系。触发物充当条件，情感是这个条件下产生的结果。

这类配置中可用的情感词是"感动""高兴"和"快乐"。

(3)（魏如峰奉劝表妹霜霜安心读书，不要再胡闹了）

"哎哟，"霜霜叫，"别那么酸溜溜的，好不好？"

"那么，听我讲几句正经话，"魏如峰说，"霜霜，这种昏天黑地胡闹胡玩的生活该结束了吧？你是真不爱念书也好，假不爱念书也好，最起码，你总应该把高中混毕业！是不是？你刚刚说不快乐，**我建议你收收心，安安静静在家里过几**

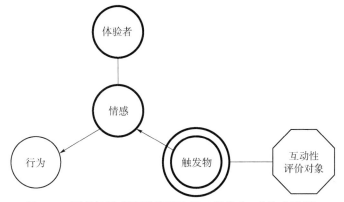

图 5-2 要求的情感配置模型特征（触发物-建构式配置）

天日子，好好地用用思想，或者会帮你找到宁静和快乐。"

——《几度夕阳红》

（4）（乾隆给福康安指婚之后，要求他们第二天进宫面见老佛爷）

乾隆转过头来对福康安说："明天由母亲带你们进宫给老佛爷请安吧，让老人家高兴高兴。"

——《告慰真情》

在例（3）和例（4）中，言者将自己对听者的要求识解为情感配置模型中的触发物。"快乐"和"高兴"两种情感都具有未然的现实性特征，只有当听者执行了行为要求之后，它们才会成为现实。例（3）中，"霜霜安心学习"是获得快乐的条件；例（4）中，福康安等人遵旨面见老佛爷之后，老佛爷"高兴"的情感才能成为现实。可见在这类要求中，情感配置模型本身都是不稳定的，因为情感成分以及触发物成分都处于未然状态。言者向听者赋予了稳固情感配置模型的责任，只要听者执行了言者提出的行为要求那么情感配置模型就会从未然变成已然，从而稳定下来。

在这类要求中，互动性评价对象所获得的正面价值源于触发物和情感之间的条件因果关系。在互动性评价层次上，因为互动性评价对象与触发物是重合的，所以当触发物能够合理地引发积极的情感时，就相当于互动性评价对象具有引发他人积极情感的能力，所以从社会伦理道德的标准看，该互动性评价对象具有积极的社会约束意义。在表层评价层次上，情感词的评价对象是体验者对触发物的情感反应，所以仍然属于情感范畴。

5.1.2 消极情感词的触发物-建构式配置

在触发物-建构式的配置方式中，消极情感词能够体现的人际功能是批评、道歉（1）、警示、阻止和拒绝。

5.1.2.1 批评

触发物-建构式配置在批评中发挥了比较重要的作用（占所有批评实例的25.6%）。这类批评的互动性评价对象与情感配置模型中的触发物相重合。这类批评特别强调情感配置模型中触发物和情感之间相互支持的关系。除了情感的体验者多数为言者以外，触发物激发情感的作用也是言者刻意强调的内容（见图5-3）。我们在阐述体验者-触发失调式配置的批评的时候（请参见本书的4.3.1.1部分）曾经提到过，当触发物不恰当的时候，也就是情感和触发物成分之间具有不和谐的矛盾关系时，情感配置模型的消极价值往往向体验者的方向传递。在触发物-建构式配置中，当触发物和消极情感之间具有合理的关系时，情感配置模型的消极价值往往向触发物的方向传递。

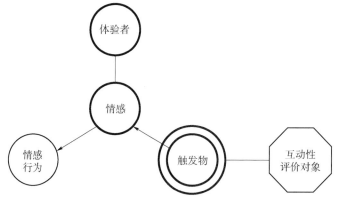

图5-3　批评的情感配置模型特征（触发物-建构式配置）

这类批评中典型的情感词是"担心""痛苦""生气""讨厌"和"恨"。

（5）（雨凤和雨鹃姐妹俩为了复仇的事经常争吵。弟弟小四对此忍无可忍，终于公开地批评她们）

小四看两个姐姐吵得不可开交，脚一跺，喊着：

"你们两个为什么要这样吵吵闹闹嘛？自从爹死了之后，你们常常就是这样！**我好讨厌你们这样**……我不管你们了，我也不要念书了，我去做工，养活我自己，长大了给爹报仇！"他说完，转身就往屋外跑。

——《苍天有泪》

（6）（尔康听说紫薇在宫里受委屈很心疼，想要请旨与紫薇办喜事，被紫薇拦阻。他批评紫薇有意让自己担心）

"你敢说！你说了，我这一辈子都不要理你！"紫薇喊着。

紫薇语气坚决，尔康一呆。"紫薇，你存心要让我**担心**害怕，是不是？你不想跟我终生相守吗？以前，你的身份不明不白，我担心得要命，现在，**你的身份已经真相大白**，我还是担心得要命！"

——《还珠格格续集》

例（5）和例（6）中，批评的互动性评价对象分别充当了消极情感的触发物。为了在触发物和情感之间建立合理的关系，言者需要采取一些辅助性话步。比如例（5）中，小四前面的话步"你们两个为什么要这样吵吵闹闹嘛？自从爹死了之后，你们常常就是这样"已经让触发物具有了明显的消极判断意义。所以尽管小四的情感采用了加强型级差的形式"好讨厌"，而且讨厌的触发物是自己的两个最亲的姐姐，但是他并没有因为自己的消极情感而被赋予负面价值。例（6）的情况更是如此，言者（尔康）也使用了反问、反复的手段的强调互动性评价对象对自己消极情感的触发作用。

从上面的分析已经可以看出，这类批评中互动性评价对象所获得的负面价值源于它对情感的触发作用。在互动性评价层级上，触发物与消极的情感之间的因果逻辑，向触发物（互动性评价对象）赋予消极判断意义，即听者的行为使他人产生了消极情感，如讨厌、担心，所以这样的行为是不恰当的。触发物与消极情感的和谐配置激发了消极的社会约束意义，从而满足了批评功能对互动性评价对象的价值期盼。

5.1.2.2 道歉（1）

触发物-建构式配置是道歉（1）最重要的配置方式（占98.8%）。在这类道歉中，互动性评价对象仍然是情感配置模型中的触发物。这时触发物对应于语境中双方关于某个不愉快事件的共有信息，言者需要将这个触发物安置在合理情感配置模型中。这时言者可以采用两种视角来建立情感配置模型：一是从听者的视角出发，将对方作为体验者；二是从言者的视角出发，让言者本人充当体验者。在第二种情况下，情感配置模型中的体验者和触发物都是言者。也就是说，言者在用自己的情感体验向自己过去的行为赋予负面价值。尽管如此，互动性评价对象仍然是因为其触发物身份而被赋予价值的，因此这类道歉仍然属于触发物共鸣（见图5-4）。

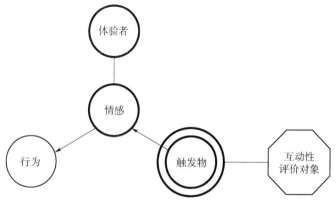

图5-4 道歉（1）的情感配置模型特征（触发物-建构式配置）

第一种情况下可选择的情感词较多，"担心""生气""委屈""痛苦""恨""讨厌"。

（7）（容嬷嬷等人拉着小燕子和紫薇去暗房受罚。小燕子不想受罚，假装昏死过去，醒来后假意向乾隆认错）

小燕子才没有那样容易认输，她的戏还要演下去。站起身来，身子摇摇晃晃，四面观看，一股茫然失措的样子。看到乾隆，就可怜兮兮地、轻声地、欷然地说道："皇阿玛，我在哪儿呀？怎么这么多人……我又做错什么了？**对不起，我总是惹您生气**，做什么都错……我……我……"脚下一个跟跄，站不稳，又摔倒在地。

——《还珠格格续集》

（8）（静芝失明十余年后经过手术重新复明。她看到多年来为她操劳的月娘充满感激和歉意）

静芝看到了月娘。"**月娘，这些年来，委屈了你！**"
月娘泪如泉涌，激动地喊着："太太！月娘甘心情愿呀！"

——《青青河边草》

例（7）中，话步"对不起，我总是惹您生气"具有道歉的功能。道歉的互动性评价对象是小燕子做错事的行为，她在情感配置模型中充当了触发物。这个触发物在语境中是人所共知的。以这个触发物为基础，言者从听者乾隆的视角出发开始建构情感配置模型，它将听者识解为情感的体验者。例（8）是个非常委婉的道歉，她的功能介于安慰（1）和道歉（1）之间。如果月娘的"委屈"情感并非因为静芝的行为所致，那么她就是安慰（1），言者的话就表达了对听者的同情，是言者对听者的精神抚慰。但是从语境中我们知道正是因为言者静芝多年来的失明才导致听者（月娘）日日操劳，所以"委屈"的触发物实际上还是言者。在上述两个实例中言者用他人的情感来评价自己的行为。

第二种情况是从言者视角出发的道歉。这种情况下可选择的情感词比较少，样本库中只出现了两个，"恨"和"抱歉"。

这类配置中最典型的情感词是"抱歉"，此外在语料库中"恨"也有类似的用法。

（9）（紫薇受到了老佛爷的酷刑，尔康非常心痛。他向紫薇深深地自责）

"紫薇，不值得！一点都不值得！"尔康的声音绞自肺腑，句句都在滴血："**我真的恨死自己了**，不能保护你，不能带走你，不能娶你！"

——《还珠格格续集》

（10）他（友岚）看看她（宛露），挽住她，他们走往工地一角的阴暗处，那儿堆着一大堆的钢板和建材，他就拉着她在那堆建材上坐了下来。"我知道，"他深沉而了解地说，"你最近并不开心，你很寂寞，家事既做不来，和妈妈也没有什么可深谈的。**宛露，我抱歉我太忙了**，没有很多的时间陪你。……"

——《我是一片云》

例（9）中，话步"我真的恨死自己了"是道歉（1）的实例。与例（7）和例（8）不同，例（9）中言者既是情感配置模型中的体验者，言者的行为也是情感配置模型中的触发物。这种道歉从言者自己的立场出发，用最具权威性的作者情感来评价自己的过失行为，使道歉的言语行为显得非常真诚。例（10）中，话步"宛露，我抱歉我太忙了"中，情感词"抱歉"也同样具有重合的体验者和触发物。"抱歉"的规约性用法之一就是道歉，它是道歉（1）中最重要的情感词。与其他道歉中的情感词不同，当它发挥道歉功能的时候，它的体验者只能是言者自己。这时情感的触发物和体验者必然是重合的。但是如同我们前面讲到的，道歉（1）在本质上是一种自我批评。言者不是因为自己"抱歉"的情感而遭到批评，而是因为自己做了让自己感到"抱歉"的事在进行自我批评，所以这类道歉仍然属于触发物共鸣的道歉。例（10）中，友岚是"抱歉"的体验者，他产生"抱歉"的情感是因为他没时间陪伴宛露。所以他既是情感的体验者，同时也是"抱歉"情感的触发者。他以情感触发物的身份接受情感配置模型配置所产生的负面价值。

综上，无论是哪种视角的道歉（1），言者的策略都是从触发物出发，建构体验者的情感。

在道歉（1）中，互动性评价对象的负面价值来源于触发物和情感之间的和谐关系，即触发物因为引发了他人或自己的消极情感而具有消极的判断意义，互动性评价对象据此获得了负面价值。

5.1.2.3 警示

在本书所建构的情感意义与语境变量的配置系统中，触发物-建构式配置是唯一能够派生警示功能的配置。除了采用逻辑关系的警示以外[①]，其他的警示都是采用了这种配置方式（占92.0%）。警示的互动性评价对象是关于其责任者的事件，警示对互动性评价对象具有负面的价值期盼。

警示中，互动性评价对象在情感配置模型中充当触发物（见图5-5）。警示的情感配置模型在两方面具有特殊性：其一是情感和触发物的现实性关系。在一般情况下，情感配置模型中应该是先有触发物再有情感，因为人们总是期待先有因后有果。但是在警示中却是情感在先，触发物在后。因为在警示中情感处于已然状态，而触发物却处于未然状态。情感的体验者因为未来可能发生的事件而产生了消极的情感体验。言者建立情感配置模型的起点是处于已然状态的情感。为了达到向触发物赋予价值的目的，除了个别情感词以外，言者大多数会选择作者情感，通过增加

---

① 有些警示是通过小句之间的逻辑关系体现的，如"我不怕黑，也不怕雾谷，但是……你不觉得今晚的雾谷有些特别吗？"转折关系在这里起到了重要的作用。但是转折关系不在本书的研究范围，我们就不对这种情况做进一步详尽的讨论。

情感的权威性来加强价值传递的力度。其二就是警示对情感词具有严格要求。警示具有两层含义，一层是预测命题事件具有发生的可能性，另一层是该事件可能会损害互动性评价责任者的利益。所以可以用于警示功能的情感词要具备两个特征，一是能够表达言者对事物的负面态度，二是它们的触发物都是未然的。

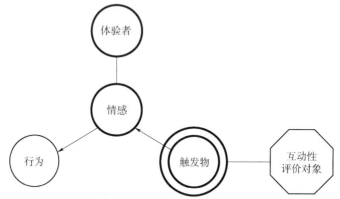

图 5-5　警示的情感配置模型特征（触发物-建构式配置）

汉语中的"担心""害怕""不怕"就属于这种类型的情感词。例（11）、例（12）和例（13）分别是使用了这几个情感词的警示实例。

（11）（乾隆想要立永琪为太子，太后提醒他这样做会对永琪不利）

太后想了想，说："我也觉得永琪要好过永涟，要说仁心治国，永涟就绝对比不上永琪。**我担心的是你一旦立永琪为太子，永涟依照他的为人和心性，岂不是对永琪不利？永涟一定会想办法对付永琪的。**"

——《告慰真情》

（12）（眼看乐梅和起轩夫妻和好，但是紫烟却向万里表达了她的忧虑）

"这完全是你的胡思乱想！"他（万里）忍不住打断她。"乐梅和起轩之间已经渐渐柳暗花明，真正拨云见日的时候也不远了。眼看一切都是那么美好，你怎么反而会担这种心？"

"就是因为这样我才担心！"她（紫烟）惶恐地摇着头，"**我真害怕！怕老天爷是故意让一切都好像很有希望，结果却不是那么回事儿。**"

——《鬼丈夫》

（13）（天虹想要对云飞吐露心声。云飞提醒她说话要谨慎）

她想了想，坦率地说："云飞，好多话，我一直压在心里，我真怀念以前，我可以和你聊天，把所有的心事都告诉你，你从来都不会笑我。坦白说，我的婚姻，几乎已经走到绝路了……"

云飞一震，下意识地看看四周。

"**你不怕隔墙有耳吗？**"

——《苍天有泪》

例（11）和例（12）都是使用了作者情感。在例（11）中具有警示功能的话步是"我担心的是你一旦立永琪为太子，永涟依照他的为人和心性，岂不是对永琪不利？"该实例的互动性评价对象是担心之后的补语从句。警示的互动性评价对象有两种情况：一种情况下，互动性评价对象的责任者是行为的实施者，他们的行为可能会伤害自己或者其他人；另一种情况下互动性评价对象的责任者并不是行为的实施者，但是他们可能会受到他人行为影响。例（11）中是两种情况兼而有之的实例，该警示实例既提到了行为的实施者乾隆立永琪为太子的行为，也提到了该行为伤害永琪的可能性，它们共现在担心的补语从句中。言者在自己的情感和补语从句所描述的未然事件之间建立了情感和触发物的关系。例（12）中，使用了两个情感词"害怕"和"怕"。它们的互动性评价对象是关于第三方乐梅和起轩的事件。

其实，"担心""害怕""怕"在语义上是密切相关的，我们甚至有理由认为从情感词"害怕""怕"到"担心"，再到焦虑-认识情态副词"怕"，体现了情感词逐渐向情态词发展演化过程。所谓认识-情态副词，也称为焦虑-认识情态（Apprehensional-Epistemics）副词，是Lichtenberk（1995）[293]提出的关于一类情态意义的概念。他认为，这类情态词在表达说话人对命题事实状态的确定性程度的同时，还表达说话人对小句所描述的情形的合意性程度，即说话人对事件状态的评价（1995）[293]。高增霞（2003）指出汉语中的情态副词"怕""别"就属于这一类情态词。她认为情态副词"怕"在语法化的过程中，经历了4个语义发展阶段："怕"最初的意义是应该是动词"害怕"，例如："小偷儿怕警察"；在语法化的第二个阶段，"怕"的含义转向了动词"担心"，表示疑虑担心，如，"小汉见他脸上红扑扑的，怕他已受了凉，又给他添了件外衣"；在第三阶段，"怕"的含义转向了副词"担心"，表示担心和推测，如"你去的话，怕有生命危险"；在语法化的最后阶段"怕"演变为单纯表示'猜测'的副词，如"老没见赵老师露面，怕是叫外国请去演讲了"。例（11）中的情感词"担心"以及例（12）中的"害怕""怕"显然都处于上述语义演化的第二个阶段，具有表示"疑虑"和"担心"的意义。

例（13）中的情感词"不怕"也是一个半情态化的情感词。它在警示中的用法与"害怕""担心"有所不同。在使用情感词"害怕""担心"的警示中，互动性评价对象是情感词的补语从句；但是在使用情感词"不怕"的警示中，情感配置模型的体验者和情感的触发者是重合的。如例（13）中"你不怕隔墙有耳吗？"听者既是"不怕"的体验者，又是补语信息相关的责任者，因为如果"隔墙有耳"的情况确实发生了，受到伤害的就是听者。这时，判断"不怕"究竟是向作为体验者的听者传递评价意义，还是向作为触发物的听者传递评价意义是至关重要的。因为如果是向体验者传递评价意义，那么该话步就不是警示，而是一种批评，只有当他向触发物传递评价意义的情况才是警示。试比较例（14）和例（15）。

(14)（小燕子以驱鬼为由，吓唬容嬷嬷）

小燕子对容嬷嬷阴沉沉说道："容嬷嬷，今天夜里，五儿和翠儿都要来找你，翠儿说，那口井好冷，五儿说，那条白绫好紧……**反正你不怕鬼，你就等着**……"

——《还珠格格续集》

(15)（宛露告诉孟太太自己的身世后，孟太太谴责儿子找了个来历不明的女友）

"我不是段立森的亲生女儿！我是他们的养女，我的生父是谁我不知道，我的生母是个舞女……"

"什么？"孟太太直跳了起来，脸色也变得雪白雪白了，她掉头看着孟樵。"樵樵！"她厉声喊，"你交的好朋友，**你不怕你父亲泉下不安吗**？

——《我是一片云》

例（14）中，"不怕"预测了"五儿和翠儿的鬼魂来找容嬷嬷"的可能性，该事件会使"容嬷嬷"的利益受到伤害，所以是对容嬷嬷的警示。这时"不怕"属于情感范畴，评价容嬷嬷对"鬼"的情感反应，并且预测了补语事件发生的可能性。但是在例（15）中，"不怕"向作为体验者的听者传递了评价意义。它用于谴责孟樵交了来路不明的女朋友，这样的行为是让逝去的父亲难以安息的。这时"不怕"用于评价孟樵的行为，属于判断范畴，是对孟樵的批评。

除了本书提到的"担心""害怕""不怕"之外，具有类似的功能的情感词还包括"只怕""恐怕""怕"和"患"（杨曦等，2012；彭宣维，2012）。

警示的互动性评价对象基于与消极情感之间的逻辑因果关系而得到了负面价值，但是与其他人际功能不同的是，警示的互动性评价对象的负面价值来源于情感配置模型的消极鉴赏意义，而并非判断意义。因为在互动性评价层次上，情感和触发物作为一个整体共同评价警示的互动性评价对象，即关于责任者的事件。根据 Martin 和 White（2005）的研究，鉴赏的评价对象主要是事物（包括抽象的过程、语篇、现象等）。它所涉及的评价范畴包括反应性（Reaction）、构成性（Composition）和估值性（Valuation）。反应性通过人的情感反应来评价事物的品质，构成性用于评价事物的结构，估值性用于评价事物的重要程度。从评价对象和评价的内容两方面综合考虑，我们认为警示中的情感和触发物作为一个整体产生了鉴赏的评价意义，因为此时评价对象是关于责任者的事件，警示的目的是告诉听者该事件的消极重要性，所以应该被赋予消极的估值性意义。不过，这时情感词在表层评价层次仍然属于情感范畴，因为它的表层评价对象是言者的情感状态。

5.1.2.4 阻止

触发物-建构式配置在阻止中具有比较重要的地位（占25%）。在这类阻止中，互动性评价对象是情感配置模型中的触发物。阻止的情感配置模型具有自己的独特性，即在大多数情况下，阻止中的情感和触发物都处于未然状态，二者的因果关系只存在于"可能世界"当中。但是，一旦听者实施了被阻止的行为，那么情感就会因此被激发，二者的因果关系就会成为现实。阻止的目的就是通过这种可能世界中的因果关系来约束听者现在的行为（见图5-6）。

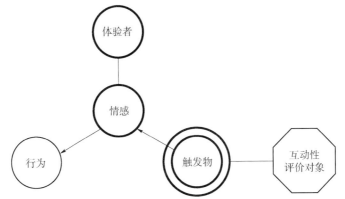

图 5-6　阻止的情感配置模型特征（触发物–建构式配置）

这类阻止的典型的情感词是"生气""恨""痛苦""讨厌""害怕"。

(16) 她眼见我的痛苦和挣扎，终于说了："结婚吧，娶宛露吧！我会尽我的能力来爱她……""她会尽她的能力来爱我？"宛露做梦似的说，"她会说这种话吗？""宛露！"孟樵严肃地说，"**你再不信任我妈，我会生气了！**"

——《我是一片云》

(17)（盼云的丈夫刚刚去世时，盼云产生了轻生的念头。倩云阻止了她）

她（倩云）摇着她（盼云）的肩膀对她大吼大叫："你有父有母，如果敢有这个念头，你是太不孝太不孝太不孝了！**假如你有个三长两短，逼得爸爸妈妈痛不欲生，我会恨你一辈子！恨你一辈子！**"

——《聚散两依依》

例 (16) 中，话步"你再不信任我妈，我会生气了！"具有阻止的功能。该阻止话步的互动性评价对象是听者在前一个话步所实施的言语行为；例 (17) 中，话步"假如你有个三长两短，逼得爸爸妈妈痛不欲生，我会恨你一辈子！"具有阻止功能。该阻止话步的互动性评价对象是听者盼云轻生的行为。这两个互动性评价对象在与各自相关的情感配置模型中都充当了触发物。在这两个实例中情感和触发物都处于未然状态，言者在话步中报告了听者的未然行为可能会产生的消极后果。

在这类阻止中，互动性评价对象基于与消极情感之间的因果关系而得到负面价值。负面价值由触发物和情感相互配置之后所产生的消极判断意义转化而来。因为互动性评价的责任者将要执行的行为会引发他人的消极情感，所以这个行为具有消极的社会约束意义。消极的社会约束意义使互动性评价对象获得了负面价值，满足了阻止功能对互动性评价对象的价值期盼。

5.1.2.5 拒绝

触发物-建构式配置在拒绝中也发挥了比较重要的作用（占 21.7%）。在这类拒绝中，互动性评价对象与触发物具有同指关系。情感体验者有两种情况：一种情况下体验者为第三方；另一种情况下体验者是言者本人。当体验者为言者本人的时候，体验者和触发物出现了一定程度的重合，也就是说，体验者与触发者（触发物的责任者）具有了同指关系。即便如此，互动性评价对象获得负面价值的根本原因还是因为它会触发消极情感，所以这类拒绝在共鸣系统中仍然属于触发物共鸣。这类拒绝强调触发物和情感之间的因果关系，言者用未然的触发物建构该触发物可能引发的未然情感。

可以用于这类拒绝中的典型情感词有 6 个，它们是"恨""痛苦""委屈""讨厌""害怕""担心"。

(18)（太后建议晴儿嫁给尔康，和紫薇共侍一夫）

"我不能这样耽误你（晴儿)！"太后想想，"或者，我可以安排，你和紫薇共侍一夫？不过，那样就太委屈你了，所以，我虽然有这个念头，始终没有提出来！"

"是！那样就太委屈我了！"晴儿赶紧说，"所以，千万不要这样安排！"

——《还珠格格续集》

例 (18) 中，"是！那样就太委屈我了！"是具有拒绝功能的话步。该拒绝话步的互动性评价对象是言者执行与"紫薇共侍一夫"的行为。该互动性评价对象在情感配置模型中占据了触发物的位置。情感配置模型的体验者是言者。言者用自己的情感向对方要求自己执行的行为传递消极的评价意义。虽然触发物和体验者具有部分重合的关系，但是如前所述，互动性评价对象的负面价值仍然是基于触发物关系获得的，所以该实例仍属于触发物共鸣。试比较例 (19) 中的话步①和②。

(19)（太后建议晴儿嫁给尔康，和紫薇共侍一夫）

"我不能这样就误你（晴儿)！"太后想想，"或者，我可以安排，你和紫薇共侍一夫？不过，那样就太委屈你了，所以，我虽然有这个念头，始终没有提出来！"

"①**那样就太委屈我了！**"晴儿赶紧说，"所以，千万不要这样安排！"（太后）② "什么，你委屈，真不知好歹。"

例 (19) 中的话步①和话步②中，"委屈"的互动性评价对象分别是触发物和体验者。话步①的功能并没有发生改变，仍然是拒绝，但是话步②就不是拒绝了，而是批评的话步。因为话步②中，"委屈"的互动性评价对象是体验者，它让体验者"委屈"的情感在这个触发物下显得不通情理。可见，即使体验者和触发物出现了重合，拒绝的评价对象仍然指向作为触发物的参与者。

（20）（云飞想让雨凤带着弟弟妹妹和他一起到南方去，离开让他们伤心的地方）

"只要她（雨鹃）愿意，我们带她一起走！"

雨凤激动起来，叫："你还不明白吗？雨鹃怎么会跟我们两个一起走呢？**她恨都恨死我了！**"

——《苍天有泪》

例（20）是体验者和触发物成分彼此分离的情况。情感"恨"的触发物是听者要求言者执行的行为。

在这类拒绝中，互动性评价对象基于它与情感之间的因果关系而获得了负面价值。负面价值由消极情感和触发物之间的和谐关系所产生的消极判断意义转化而来。具体地说就是，因为对方要求言者所执行的行为会引发责任者本人或他人的消极情感，所以这样的行为具有消极的社会约束意义。

本小节阐述了情感词借助触发物-建构式配置所发挥的人际功能。这类配置在本书所涉及的人际功能中具有非常重要的地位。该配置方式共涉及了7种人际功能：赞赏、要求、批评、道歉（1）、警示、阻止、拒绝。从情感配置模型的特征来看，各类功能的互动性评价对象都只对应于情感配置模型中的触发物成分。互动性评价对象基于触发物和情感之间的因果逻辑关系获得价值。为了建立触发物和情感之间的稳固关系，言者可以采取加强情感权威性的策略，比如赞赏和批评就经常采用作者情感。有时候互动性评价对象和情感之间的因果关系仅存在于可能世界中，如阻止和拒绝。言者利用二者之间潜在的因果关系对互动性评价对象赋予价值。在触发物-建构式配置中，积极情感词能够体现具有正面价值期盼的人际功能，如赞赏和要求；而消极情感词能体现具有负面价值期盼的人际功能，如道歉（1）、警示等。

5.2 触发物-解除式配置

触发物-解除式配置在共鸣类型系统和模型关系系统中的选择情况如下：

第一，在共鸣类型系统选择触发物共鸣。人际功能的互动性评价对象基于与触发物的关联而得到价值。但是与触发物-建构式配置不同，互动性评价对象并非在整体上与情感的触发物具有同指关系，它们常常从情感配置模型的外部对触发物起到消除作用。

第二，在模型关系系统中选择模型关系解除。互动性评价对象具有解除情感配置模型的功能，事实上互动性评价对象主要是从触发物入手来解除模型关系的。具有解除功能的意义有显性和隐性两种体现手段：显性体现手段是指话语中有明确的表达否定意义的语法或者词汇。我们在体验者-解除式配置中对这些手段做了比较详细的阐述（请参见本书的4.2.1部分），此处不再赘述；隐性的体现手段是指话语中并没有明确地表达否定意义的词汇、语法形式。但是在情景语境中，参与者都知道互动性评价对象的出现能够发挥终止触发物进而解除情感配置模型的作用。与体验者-解除式配置一样，情感词的效价与人际功能的价值期盼具有以下关系：积极情感词一般用于体现具有负面的价值期盼的人际功能；消极情感词一般用于体现具有正面的价值期盼的人际功能。

表5-2总结了触发物-解除式配置所能体现的人际功能，以及这种配置方式在各种功能中所占的比重。

表5-2 触发物-解除式配置的应用情况

人际功能	比例	人际功能	比例
批评	4.3%	道歉（1）	2.4%
阻止	10.3%	拒绝	13.0%
赞赏	6.1%	要求	22.2%

总体上看，触发物-解除式配置在相关的人际功能中所占的比重并不大，样本库中只有6.8%的实例是通过这种配置方式来体现的。如表5-2所示，采用这种配置手段的人际功能有6种。这种配置方式在要求中占比较高，超过20%，而在其他功能中的占比都很低，比如它在批评、道歉（1）、赞赏中所占的比重都不到10%。在样本语料库中，有4种人际功能没有采用该配置方式的实例，这些功能包括安慰（1）、警示、道歉（2）、安慰（2）。

这种配置方式对情感词的效价比较敏感。积极情感词能够体现具有负面的价值期盼的人际功能，包括批评、道歉（1）、阻止、拒绝；消极情感词能够体现的具有正面的价值期盼的人际功能，包括赞赏和要求。

下面我们分别讨论积极情感词和消极情感词通过这种配置方式发挥人际功能的情况。

5.2.1 积极情感词的触发物-解除式配置

通过触发物-解除式的配置方式，积极情感词能够体现的人际功能是批评、道歉（1）、阻止和拒绝。

5.2.1.1 批评

触发物-解除式的配置方式在批评中所占比重不大（占4.3%）。这类批评的互动性评价对象与情感配置模型中的触发物相关。二者的关联分为两种情况：一种情况是互动性评价对象与触发物的责任者具有同指关系。这时，社会规约期待互动性评价对象能够触发体验者的积极情感反应。不过互动性评价对象实际上只是充当了一个缺席的触发物，由于它的缺席，体验者的情感没能成为现实（见

图 5-7);另外一种情况是互动性评价对象与触发物间接相关。这时情感配置模型本身是已然的,但是互动性评价对象破坏了情感的触发物,使积极的情感失去了触发物的支撑,进而瓦解了整个情感配置模型(见图 5-8)。表面上看第二种情况下的互动性评价对象并没有担任情感配置模型中的成分,但实际上互动性评价对象却因为对触发物的解除功能而与触发物产生了间接的关联。因此它也在情感情感配置模型中发挥了作用,我们将这种互动性评价对象和触发物建立关联的方式称为"间接触发物共鸣"。

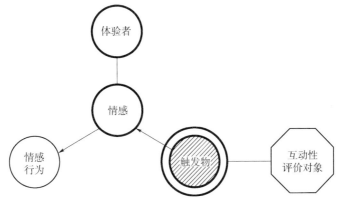

图 5-7 批评的情感配置模型特征(触发物-解除式配置 1)

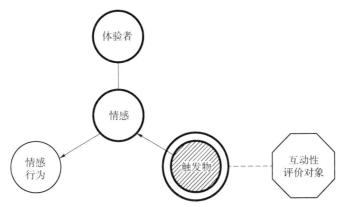

图 5-8 批评的情感配置模型特征(触发物-解除式配置 2)

注:图中的虚线表示间接触发物共鸣的情况。

在上述两种情况下,情感的触发物都处于是缺失的状态。这时情感配置模型的解除通常采用表达终止意义的词汇、句式手段。

这类批评中典型的情感词是"爱""高兴"以及"快乐"。

(21)(男主人的妻子已经丧失神志,永远只能躺在病床上。小瑷批评他以前不够爱他的妻子,没有让她幸福和快乐)

他摇头，眼光朦胧如雾，蹲伏在他妻子的脚前。他握住了她的手，柔声地说："感谢天，她已经不再自苦！"我望着他，不十分能了解他的话中的意思，他到底是赞美爱情还是否决爱情？他到底是爱他的妻子，还是不爱他的妻子？沉思片刻，我说："**如果你以前多爱她一些，她不是能快乐幸福很多吗?**"

——《潮声》

（22）（访竹因为父母拆散了她和顾飞帆而悲愤不已，她批评父母剥夺了她的快乐）

她（访竹）终于不哭了，从访萍手中抓过一把化妆纸，她擦去了泪痕，坚定地说：

"妈，你什么都不用说了！都不用说了！我是很年轻，但是，经过今晚，我不会年轻了。**属于青春的快乐、甜蜜、狂欢……都已经被你们送进了地狱!**"

——《问斜阳》

例（21）是触发物缺失的批评实例。话步"如果你以前多爱她一些，她不是能快乐幸福很多吗？"中使用了两个情感词"爱"和"快乐"。互动性评价对象接受两个情感词所赋予的价值的方式不同。在"爱"的配置模型中，批评的互动性评价的责任者是缺失的体验者（见本书的4.2部分），情感意义借助体验者-解除式配置向互动性评价对象赋予负面价值；而在"快乐"的情感配置模型中，批评的互动性评价责任者与情感的触发者具有同指关系。在例（21）中，表示模型关系解除的意义没有体现为否定标记，而是体现为一个虚拟的条件句。条件句部分表示，本来应该发生的触发物事实上却没有发生。触发物的缺失导致情感没有成为现实。

例（22）是互动性评价对象解除情感触发物的实例。"快乐"被识解为现实性的情感。在情景语境中，情感的体验者是言者，触发物是关于言者的事件。但是因为听者的行为终止了让言者能够产生积极情感的事件，所以说她终止了触发物。触发物和情感之间具有因果关系，如果触发物被终止了，由触发物所引发的积极的情感自然也就不存在了。例（22）中也没有使用任何否定标记，而是采用动词词组"送进了地狱"来表示终止、终结的意义。

在这类批评中，互动性评价对象所获得的负面价值源于它对情感配置模型的解除作用。在互动性评价层次上，触发物和情感之间的配置产生了消极的判断意义。按照判断范畴的标准，无论是没有履行触发物义务而导致他人产生消极情感的行为，还是破坏他人美好情感的行为都具有消极的恰当性意义。消极的恰当性意义转化为互动性评价对象的负面价值，满足了批评对互动性评价对象的价值期盼。

5.2.1.2　道歉（1）

有很少一部分道歉（1）是通过触发物-解除式配置体现的（占2.4%）。如前所述,道歉(1)的互动性评价对象是言者对听者所做的过失行为,该功能对互动性评价对象具有负面价值期盼。在采用触发物-解除式配置的道歉(1)中,互动性评价对象与情感配置模型的触发物间接相关。在这类道歉中,积极的情感配置模型代表了人们对他人或事物的常态期望。言者往往只强调配置模型中的体验者和情感两个成分,而不强调能够引发这些积极常态情感的触发物。道歉(1)的互动性评价对象打破了这个常态的情感配置模型,使听者的情感从积极转向消极(见图5-9)。在这种功能中,表示解除的意义多通过否定语法标记来体现。

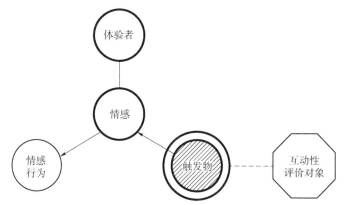

图5-9 道歉(1)的情感配置模型特征(触发物-解除式配置)

这类道歉涉及的典型情感词是"高兴"。

(23)(当晓彤告诉母亲梦竹她恋爱了,梦竹的反应让她以为自己错了,赶紧向梦竹道歉)

她的表情使晓彤吓住了,发出一声喊,晓彤扑进了母亲的怀里,叫着说:"妈妈,你生气了吗?**妈妈,你不高兴了吗**?妈妈,我错了,我知道我错了,你别瞪着我,你骂我好了,妈妈!"

——《几度夕阳红》

例(23)中,话步"妈妈,你不高兴了吗?"具有道歉意味。其中,"高兴"被识解为听者的常态情感,而言者的行为,此时为互动性评价对象被识解为破坏这个常态情感的间接触发物。我们看到,例(23)中,言者晓彤使用了两个情感词"生气"和"高兴"。由于这两个情感词的效价不同,因此言者在使用它们实施道歉功能的时候采用了不同的策略。对于消极情感词"生气"而言,言者采用了触发物-建构式配置,而对于积极情感词"高兴"而言,言者采用了触发物-解除式配置。虽然情感词"高兴"和"生气"之间构成了意义的连续体关系,"不高兴"不等于"生气"。但是我们发现在大多数交际的情景语境中"不高兴"往往就是生气的同义词。这时"高兴"在情景语境中被视为一种常态情感,而互动性评价对象打破了这种常态,导致情感从积极向消极转变。

采用触发物-解除式配置的道歉（1）中，互动性评价对象获得负面价值的根本原因在于它对情感配置模型的解除功能。在互动性评价层次上，间接触发物与情感词的配置关系产生了消极的判断意义。因为根据判断范畴的标准，如果某人的行为使其他人的情感从积极转向消极，那么这样的行为就具有消极的恰当性意义。这个消极的恰当性意义最终转化为互动性评价对象的负面价值。

5.2.1.3 阻止

触发物-解除式配置方式在阻止中所占的比重不大（占 7.4%）。在这类阻止中，互动性评价对象（听者的行为）与情感配置模型中的触发物直接相关或间接相关。在直接相关的情况下，互动性评价对象的责任者就是情感的触发者。这时，责任者本来应该肩负起情感触发物的义务，但是一旦责任者执行了互动性评价对象所涉及的行为，那么他就从情感配置模型中缺席了，这会导致体验者本来应该享有的积极情感不能成为现实（见图 5-10）；在间接相关的情况下，互动性评价对象解除了已然情感的触发物，使情感配置模型因为失去了支撑而瓦解（见图 5-11）。

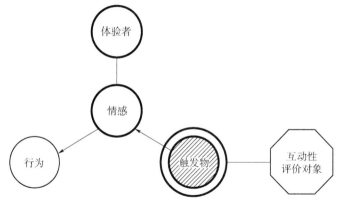

图 5-10　阻止的情感配置模型特征（触发物-解除式配置 1）

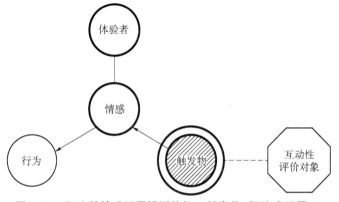

图 5-11　阻止的情感配置模型特征（触发物-解除式配置 2）

采用触发物-解除式配置进行阻止的典型情感词是"快乐"。

（24）（新婚的可欣夫妇要到美国去生活。妈妈雅真却想留在国内，遭到可欣的阻止）

雅真有些期期艾艾，好半天才吐出一句整话："或者，我不一定要跟你们一起去。""妈，你这是怎么了吗？"可欣说，凝视着母亲，"**没有你，你让我到美国去怎么会快乐？**"

——《船》

例（24）中，话步"没有你，你让我到美国去怎么会快乐？"是互动性评价对象与触发物直接相关的实例，即互动性评价的责任者是情感的触发者。在"快乐"的情感配置模型中，听者（雅真）本来应该肩负起情感触发物的职责，即与言者"一同去美国"，这样的行为会使言者的积极情感成为现实。但是雅真却想要执行与该触发行为相反的行为，"留在国内"。言者（可欣）将妈妈"留在国内"的行为识解为将会导致妈妈从预期的触发物位置上缺席的行为。

（25）但是，那声音却毫无保留地钻进了她的耳鼓：

（宛露母亲）"许太太！求求你别这么做！**宛露生活得又幸福又快乐，你何忍破坏她整个的世界**？她无法接受这件事情的，她是我的女儿，我了解她……"

——《我是一片云》

例（25）是互动性评价对象与触发物间接相关的阻止实例。在该实例中，情感的直接触发物是宛露现在的生活状态。互动性评价对象虽然不是情感的直接触发物，但是它能够极大地改变触发物（宛露当前的生活状态），因此与情感的触发物间接相关。

在这类阻止中，互动性评价对象基于对情感配置模型的解除功能获得负面价值。在互动性评价层次上，解除式的配置会产生消极的判断意义。因为如果责任者将要执行的行为会使他人应有的美好情感无法成为现实，或者终止他人正在享有的美好情感，那么这样的行为显然是不恰当的。互动性评价对象据此获得了负面价值，满足了阻止功能的价值期盼。

5.2.1.4 拒绝

约有10%的拒绝是通过触发物-解除式配置体现的。在这类拒绝中，拒绝的互动性评价对象与情感配置模型中的触发物相关；具体而言，互动性评价对象对情感配置模型中的直接触发物具有终止作用（见图5-12）。这种终止功能一般通过词汇或句法手段来体现。

与阻止一样，这类拒绝中涉及的典型情感词是"快乐"。

（26）（尔康负伤了，永琪要他在卧室吃饭，尔康拒绝了）

紫薇和尔康走了过来，尔康虽然憔悴，却神采飞扬。

"尔康，你就不用下床了！让紫薇把饭菜拿到卧室里去吃吧！"永琪说。

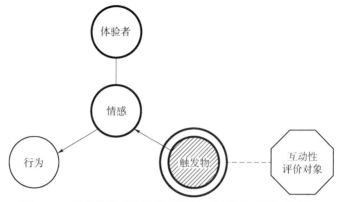

图 5-12　拒绝的情感配置模型特征（触发物-解除式配置）

"我哪有那么娇弱？男子汉大丈夫，受点小伤算什么？"

尔康坐了下来："**和大家一起共进晚餐，是一种快乐，我怎么能错过呢？**"

——《还珠格格续集》

在例（26）中，拒绝的互动性评价的责任者与情感配置模型的触发物相关。快乐的体验者是尔康自己，触发物是"和大家一起共进晚餐"的行为。如果尔康执行了在卧室吃饭的行为要求，"快乐"情感的触发物就被消除了，因此他就失去了一次体验快乐的机会。例（26）中动词"错过"发挥了解除情感配置模型的功能。

这类拒绝中，互动性评价对象基于它对情感配置模型的解除功能而获得负面价值。在互动性评价层次上，这种配置方式会产生消极的判断意义。交际对方要求言者执行的行为会使言者失去感受美好情感的机会，所以这样的行为是不恰当的，被赋予了消极的判断意义，进而转化成为互动性评价对象的负面价值。

以上我们总结了积极情感词通过触发物-解除式配置能够体现的人际功能。下面我们看消极情感词借助这种配置方式体现人际功能的情况。

5.2.2　消极情感词的触发物-解除式配置

在触发物-解除式的配置方式中，消极情感词能够体现的人际功能是赞赏和要求。

5.2.2.1　赞赏

在样本语料库中，有一小部分（6.1%）赞赏是通过触发物-解除式配置体现的。这类赞赏的互动性评价的责任者与情感配置模型的触发物相关。在这类赞赏中，互动性评价对象对触发物具有消除功能（见图5-13）。情感配置模型的解除意义主要通过否定语法标记来体现。

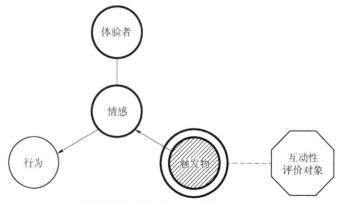

图 5-13 赞赏的情感配置模型（触发物-解除式配置）

这类赞赏中的典型的情感词是"担心"和"害怕"。

（27）（云飞听到天虹对未来的生活重新充满希望，他感到无比的安慰）
他听得好感动，目不转睛地看着她。
"天虹，听你这样说，我觉得好高兴，好安慰。**我不必再为你担心了！**"

——《苍天有泪》

例（27）中，话步"我不必再为你担心了"具有赞赏功能。情感配置模型中的触发物是关于赞赏的互动性评价责任者的消极事件。互动性评价对象降低了该事件发生的可能性，从而使互动性评价的责任者从触发物的身份中脱离出来。在例（27）中，模型关系的解除是由否定的语法标记"不必"来完成的。在这类赞赏中，互动性评价对象基于对情感配置模型的解除关系来获得正面价值。在互动性评价层次上，触发物-解除式配置能够使情感配置模型产生积极的判断意义。因为如果某人的行为等能够消除引发消极情感的因素，使他人避免不愉快的情感，那么它无疑具有积极的恰当性，互动性评价对象由此获得正面的价值。

5.2.2.2 要求

触发物-解除式配置在批评中约占 10%。在这类要求中，互动性评价对象与情感配置模型中的触发物相关。要求的责任者实施行为要求是消除触发物的条件。当消极情感的触发物被消除以后，情感配置模型会随之瓦解，这样未然的消极情感将会被避免，已然的消极情感也可以被终止（见图 5-14）。在这类要求中，情感配置模型的解除可以采取两种手段：一种是显性解除，就是我们前面提到的通过使用否定标记等手段明确地表达互动性评价对象对情感配置模型的解除功能；另一种方式是隐性解除，也就是言者并不明确表达否定或终止的意义，互动性评价对象的模型关系解除功能要由听者在语境中自己解读出来。

这类要求中的典型情感词是"恨""痛苦""委屈""讨厌""担心""生气"。

（28）（妻子念苹催促寒山早点儿去给病人看病）

她（念苹）拿出烤面包机，烤着面包，不经心似的说："你（寒山）该去梳洗了吧？我给你弄早餐，既然答应去人家家里给孩子看病，就早些去吧！**免得那母亲担心**！"

——《一颗红豆》

例（28）采取了显性的解除手段，互动性评价对象能够避免未然情感发生。言者将互动性评价对象，寒山早些去给病人看病的行为，识解为可以让第三方避免消极情感的条件。执行行为要求和解除消极情感配置模型之间具有条件因果关系。在这个实例中，言者使用了否定标记"免得"来解除情感配置模型。这个否定标记的特点是其后所加的内容既不描述当前的事态，也不描述未来行为的执行情况（Lyons，1977）[823]，而是描述如果行为要求得到满足了之后体验者的情感反应。

例（29）是隐性解除的实例。在该实例中，互动性评价对象能够终止当前的消极情感。

（29）（琼瑶要求鑫涛回到他自己的妻子身边，不要再来找她）

（鑫涛）"你的意思是，要我取得资格后，再来爱你吗？"

（琼瑶）"不！"我更气了，"我的意思是，要你退出我的生活，你有你的家，你的妻子儿女，为什么你不去守着他们！**为什么你要让我这么痛苦呢**？"

——《我的故事》

例（29）中，互动性评价对象对消极的情感配置模型也具有解除作用。但是这个实例采用了隐性解除的手段，言者没有明确地使用语法和词汇手段来表示解除的意义，而是间接地暗示，即如果听者执行行为要求，那么就可以使言者避免"痛苦"的情感。

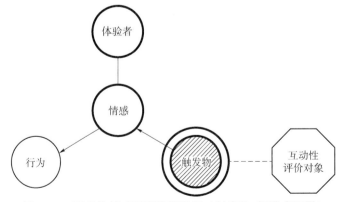

图5-14 要求的情感配置模型特征（触发物-解除式配置）

在这类要求中，互动性评价对象所获得的正面价值源于她对情感配置模型的解除功能。在互动性评价层次上，模型关系解除能够产生积极的判断意义，原因是当责任者的行为能够让他人避免或终止消极情感的时候，这样的行为就具有积极的恰当性意义，这种积极的判断意义进一步转化为互动性评价对象的正面价值。

本节阐述了情感词借助触发物-解除式配置所发挥的人际功能。这类配置方式在本书所涉及的人际功能中仅占4.5%。触发物-解除式配置共涉及6种人际功能。从情感配置模型的特征来看，在触发物-解除式配置中，各类功能的互动性评价对象都只与情感配置模型中的触发物成分相关。但是与其他配置方式不同的是，通常情况下，采用这类配置方式的人际功能，其互动性评价对象与情感配置模型中的触发物只是间接相关[①]。它们经常从情感配置模型的外部来消除触发物。在触发物-解除式配置中，积极情感词能够体现具有负面的价值期盼的人际功能，如批评；而消极情感词能够体现具有正面的价值期盼的人际功能，如赞赏。

5.3 触发物-失调式配置

触发物-失调式配置在共鸣类型系统和模型关系系统中的选择情况是：

第一，在共鸣类型系统中选择触发物共鸣，所以各种功能的互动性评价对象仍然是基于与触发物的关联得到价值。与触发物-解除式配置不同，采用这类配置手段的人际功能，其互动性评价对象与触发物具有重合关系而非间接相关（请参见5.2部分）。

第二，情感词在模型关系系统中选择了模型成分失调。这类模型关系的最主要特点是配置模型成员之间的关系是不和谐的，表现为触发物无力完成支持情感的职责。

与体验者-失调式配置不同，触发物-失调式配置对情感词的效价是有要求的。具有负面价值的人际功能一般通过积极情感词来体现，而正面价值的人际功能一般通过消极情感词来体现。

表5-3总结了触发物-解除式配置所能体现的人际功能，以及这种配置方式在各种功能中所占的比重。

表5-3 触发物-失调式配置的应用情况

人际功能	比例	人际功能	比例
阻止	2.9%	拒绝	2.2%
要求	1.0%		

总体上看，采用这种配置方式的人际功能非常少，在样本库中仅有0.5%的实例采用了这种配置方式。如表5-3所示，只有3种人际功能采用了触发物-失调式配置，它们是阻止、拒绝和要求。该配置方式在这3种功能中所占的比例都不到3%。如前所述，按照失调成分的类型，模型成分失调可以分为触发物失调、

[①] 所以本小节的很多图示中互动性评价对象通过虚线与触发物相连，如图5-14所示。

情感行为失调以及反馈行为失调。在触发物-失调式配置中，仅仅涉及触发物失调的情况。下面我们就分别讨论采用了触发物-失调配置的这3种功能。

5.3.1 积极情感词的触发物-失调式配置

积极情感词通过这种配置方式能够体现的人际功能是阻止和拒绝。

5.3.1.1 阻止

在样本库中有2.9%的阻止实例是通过触发物-失调式配置体现的。在这类阻止中，互动性评价对象占据了触发物的位置，却不具有触发情感的力量，或者是与情感具有矛盾的关系，因此情感配置模型是没有基础的（见图5-15）。阻止中的情感和互动性评价对象一般都处于未然状态。此外，言者经常采用否定情态助词来体现成分之间的不匹配。

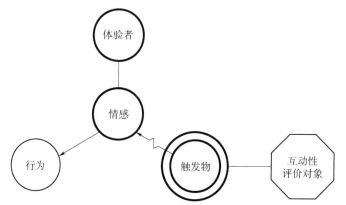

图5-15 阻止的情感配置模型特征（触发物-失调式配置）

这类阻止中涉及了两个情感词"高兴"和"快乐"。

(30)（珮青为情人夏梦轩而不思饮食。吴妈想要阻止她这样的行为）

"小姐，"吴妈走了进来，"开饭了吧！"

"不，"她忧愁地转过头来，"我要再等一会儿！"

"噢，小姐呀，你不能这样天天不吃晚饭的，"吴妈在围裙里搓着双手，"夏先生也不会愿意让你这样的呀！**他不会高兴你越变越瘦呀！**小姐，来吃吧，夏先生如果回来，也一定吃过了，现在已经七点半钟了。"

——《紫贝壳》

(31)（易可一心要杀乾隆为父母报仇。尔康众人想要劝说易可放弃这个想法）

易可有些震动地望着坦白而正直的尔康。萧剑见她有些动心的样子，很认真地说道："尔康是从国家的大方面给你讲道理，我只想从切身的体验来劝劝你。这世界上有着许多比仇恨更重要的事情，仇恨并不能给你带来解脱，**哪怕是报了**

仇也不见得会给你带来幸福、快乐。"

——《告慰真情》

例（30）中，话步"他不会高兴你越变越瘦呀"具有阻止的功能。言者在第三方情感"高兴"和触发物"越变越瘦"之间建立了矛盾关系，因为该触发物是听者当前的行为所致，所以说听者的行为作为间接的触发物和情感之间也是矛盾的。否定的情态助词"不会"体现了触发物和情感之间的矛盾关系。在前面我们也提到，在交际中，"不高兴"其实就是"生气"委婉的说法。所以在这里我们完全可以将互动性评价对象识解为"生气"的触发物。可见，各种配置方式之间并非完全独立，它们之间可以互相支持、互相验证。

例（31）中，话步"哪怕是报了仇也不见得会给你带来幸福、快乐"也具有阻止功能。为了达到阻止的目的，言者在互动性评价对象和"快乐"之间建立了触发关系。情感配置模型中的成分都处于未然状态，因为在言者看来，在听者意识中，只有复仇成功才能使听者感到快乐。但是言者通过否定情态意义"不见得"让该触发物失去了触发情感的力量。这样，"报仇"的行为被识解为一个不称职的触发物，它并不能真正给听者带来快乐。

在这类阻止中，互动性评价对象基于情感配置模型中情感和触发物之间的不和谐关系而获得了负面价值。在互动性评价层次上，触发物和情感之间的失调配置会产生消极的判断意义。具体而言就是当触发物不具备支持正面情感的能力时，或者与他人的积极情感相矛盾时，它就会被赋予消极能力性。

5.3.1.2 拒绝

在样本库中有 2.2% 的拒绝实例是借助触发物-失调式配置手段体现的。在这类拒绝中，互动性评价对象虽然占据了触发物的位置却与情感具有矛盾关系。因此情感配置模型是失调的（见图 5-16）。与阻止相似，拒绝中的情感和互动性评价对象一般也具有未然的现实性特征。

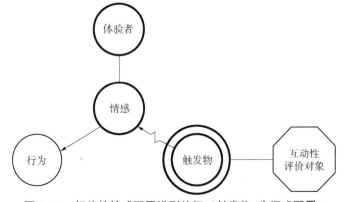

图 5-16　拒绝的情感配置模型特征（触发物-失调式配置）

这类拒绝所涉及的典型情感词是"高兴"。

(32)（兆培劝妹妹宛露生一个孩子，让自己成熟起来）

"我记得，你总爱把自己比成一片云，你知道吗？云虽然又飘逸，又自由，却也是一片虚无缥缈，毫不实际的东西。你不能一辈子做一片云，该从天空里降下来了。宛露，生一个孩子，可以帮助你长大。"

她也深深地凝视兆培。

"哥哥，你真认为一条新的生命会高兴他自己的降生吗？你从不怀疑他可能不愿意来吗？"

——《我是一片云》

例（32）中，宛露的话步"哥哥，你真认为一条新的生命会高兴他自己的降生吗？"具有拒绝的功能。该话步的互动性评价对象是宛露生一个孩子的行为。言者宛露将这个行为识解为"高兴"的触发物，只不过这个触发物"不称职"，因为体验者并不会因为"自己的降生"而感到"高兴"。在该实例中，触发物和情感之间的矛盾关系是通过反问句式来体现的。反问句的特征是无疑而问，言者在提问的时候往往对问题的答案已经非常明了，而且问题的答案一般是否定性的。宛露的话其实相当于说"一条新的生命很可能不会高兴他自己的降生"。

在这类拒绝中，互动性评价对象基于与情感之间的不和谐关系而获得负面价值。负面价值由消极判断意义转化而来，即当触发物（互动性评价对象）不具备支持正面情感的能力时，它就会被赋予消极的能力性。

5.3.2 消极情感词的触发物-失调式配置

消极情感词借助触发物-失调式配置能够体现的人际功能是要求。

在样本库中有 1% 的要求实例是通过触发物-失调式配置体现的。在这类要求中，互动性评价对象虽然与情感的触发物具有重合关系却并没有真正地引发消极情感，因此情感配置模型仍然是失调的（见图 5-17）。情感配置模型中情感成分以及触发物成分都具有未然的现实性特征。言者经常使用否定的情态助词来体现模型成分之间的失调关系。

这类要求所涉及的典型情感词是"生气"。

(33)（梅若鸿思念情人芊芊。女儿画儿劝他去找芊芊阿姨）

他把茶杯放在地上，把画儿紧抱在胸前。泪，竟夺眶而出了。画儿偎着他，非常懂事地，小声地说："爹，你是不是好想好想那个芊芊阿姨？你去把她找回来，娘不会生气的！"

——《水云间》

例（33）中，话步"娘不会生气的"具有要求功能。要求的互动性评价对象与情感配置模型的触发物具有相互重合的关系。虽然触发物和情感之间存在着因果关系，但是在这类要求中言者有意削弱触发物的力量，互动性评价对象被识

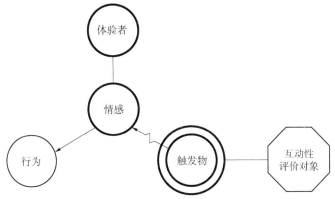

图 5-17　要求的情感配置模型特征（触发物-失调式配置）

解为力量微小的触发物。这样的触发物在情景语境中并不足以导致体验者的消极情感。

在这类要求中，互动性评价对象获得了情感配置模型传递的正面价值。在互动性评价层次上，触发物和消极情感之间的失调关系产生了积极的判断意义。因为如果听者的行为不会引发他人的消极情感，那么这种行为就是不违背社会规约的、恰当的，互动性评价对象因此获得正面价值。

本节阐述了情感词借助触发物-失调式配置发挥人际功能的情况。这类配置方式在样本库中仅占 0.6%。触发物-解除式配置方式共涉及了 3 种人际功能。采用触发物-失调式配置方式的人际功能具有以下特征：首先在情感配置模型方面，各种功能的互动性评价对象都只与触发物成分相关，互动性评价对象一般与触发物具有重合关系。其次在配置原理方面，作为触发物的互动性评价对象因为无力支持情感成分或者与情感成分相矛盾而被赋予价值。触发物-失调式配置只涉及触发物失调的情况。与体验者-失调式配置不同，这类配置所发挥的人际功能会受情感词效价的影响。积极情感词能够体现具有负面价值期盼的人际功能，如阻止和拒绝；而消极情感词能体现具有正面价值期盼的人际功能，如要求。

5.4　小　结

本章我们论述了触发物取向的配置方式在对话中体现人际功能的情况，具体涉及触发物-建构式配置、触发物-解除式配置以及触发物-失调式配置。这 3 种配置方式的共同特点是人际功能的互动性评价对象只与情感配置模型中的一个成分相关，即触发物成分。触发物取向的配置方式中，情感词在两个评价层次所属的态度范畴不同：情感意义在表层评价层次上仍然属于情感范畴，情感意义在互动性评价层次上属于判断范畴或鉴赏范畴。互动性评价对象所获得的正面和负面价值就来源于这些判断和鉴赏范畴的意义。

第6章 行为取向的配置方式

本章的任务是，讨论情感词借助行为取向的配置方式在对话中体现人际功能的情况。本章分为4小节：第一小节讨论行为-建构式配置，第二小节讨论行为-解除式配置，第三小节讨论行为-失调式配置，第四小节为小结部分。我们在理论部分指出行为变量是指由情感所引发的行为（参见本书的3.1.1.3部分）。行为具体又分为两种：情感行为和反馈行为。前者是体验者所实施的行为，后者是非体验者针对他人的情感所实施的行为。所以本章的各节中，我们以这两类行为为线索展开讨论。

6.1 行为-建构式配置

行为-建构式配置在共鸣类型系统和模型关系系统中的选择情况如下：

第一，在共鸣类型系统中选择行为共鸣。该共鸣类型的特征是人际功能的互动性评价对象与情感配置模型中的行为成分相关。

第二，在模型关系系统中选择建构式配置。与其他类型的建构式配置一样，行为成分与情感成分能够相互支持，具有和谐关系。基于模型成分之间的和谐关系，相关的互动性评价对象会获得正面价值。

表6-1总结了行为-建构式配置所能体现的功能，以及这种配置方式在每种人际功能中所占的比重。

表6-1 行为-建构式配置的应用情况

人际功能	比例	人际功能	比例
安慰（2）	4.0%	道歉（2）	7.0%
要求	11.1%		

在所有样本库实例中，行为-建构式配置所占的比重只有2.9%。如表6-1所示，采用这种配置手段的人际功能只有3种，它们是安慰（2）、道歉（2）和要求。相对来说，这种配置方式在要求中所占的比重超过了10%，所以具有比较重要的地位。该配置方式在安慰（2）和道歉（2）中所占比例较少，分别为4.0%和7.0%。在样本库中，通过这种配置方式，互动性评价对象都获得了正面价值。

如前所述，行为成分可以分为两种：情感行为和反馈行为。但是在样本库中，这类配置方式的实例都只涉及反馈行为，而不涉及情感行为，所以本节的以下部分只讨论反馈行为-建构式配置。这种配置方式涉及3种人际功能：要求、安慰（2）以及道歉（2）。在样本库中，采用这种配置方式的情感词大多数为积极情感词，只有个别消极情感词也采用了这类配置手段。

6.1.1 要求

有 11.1% 的要求实例是通过这种配置方式体现的。在这类要求中，互动性评价对象与情感配置模型之间的关系有两种情况：一种情况是互动性评价对象仅仅与反馈行为相关。这时，要求的互动性评价的责任者既不是情感配置模型中的体验者，也不是触发者。他们通常是与情感的体验者关系密切的人，所以当体验者具有某种情感的时候，他们具有对体验者的情感采取恰当反馈行为的义务（见图 6-1）；另一种情况是互动性评价对象与情感配置模型中的两个成分相关：首先，互动性评价对象与反馈行为是相互重合的；其次，互动性评价的责任者也是情感行为的触发物。在这种情况下，互动性评价对象与情感配置模型的关系非常密切。责任者的反馈行为受到其触发物身份的影响，所以他只能以言者所要求的方式进行反馈才是合乎社会规约的（见图 6-2）。

这类要求中典型的情感词是"爱"和"快乐"。例（1）是互动性评价对象只与情感配置模型中的反馈行为相关的实例。

(1)（芊芊与梅若鸿相爱，遭到了爹爹的反对。芊芊请求爹爹成全）

"爹！"芊芊凄声一喊，再怎么倔强，此时全化为恐慌，她双腿一软，就对杜世全跪了下去，"……**我实在爱梅若鸿爱得太苦太苦了**，我逃到上海，也逃不掉这份刻骨的思念，爱得没有办法，才会去刺红梅！爹，请你看在我这份痴情上，成全我们吧……"

——《水云间》

例（1）中，话步"我实在爱梅若鸿爱得太苦太苦了"具有要求的功能。该要求实例的互动性评价对象是听者执行"成全"芊芊的行为。虽然听者不是情感的体验者，也不是情感的触发物，但是他与情感体验者具有亲密的社会关系。这种社会关系使听者有义务对体验者行为予以恰当反馈。也就是说，他所实施的反馈行为应该有利于体验者建立积极的情感，或者终止消极的情感。在例（1）中，言者向听者报告自己情感的目的就是想让听者采取合乎上述期待的反馈行为。

例（2）是互动性评价对象与情感配置模型中的反馈行为和触发物同时相关的实例。

(2)（依萍和男友何书桓在闹分手，依萍妈妈劝她不要任性）

"妈妈！"我厉声说，"请你不要再在我面前提这个名字！我不要再见他！也不要再听他的名字！"

"怎么！"妈妈愣住了，接着就急急地说，"依萍，你不知道书桓对你多好，你不知道！①**依萍，你别再固执了**，②**他爱你**！"

——《烟雨濛濛》

例（2）中，话步①和②构成了复合要求话步，其中话步①是要求的主导话步,话步②是要求的从属话步①。尽管话步②是一个要求的辅助性话步,但是我们仍然认为它对要求功能的体现发挥了重要作用。在话步②中,一方面互动性评价对象与情感配置模型中的反馈行为相互重合,另一方面互动性评价的责任者也是情感的触发物。因为责任者具有触发物和反馈者的双重身份,所以互动性评价对象与情感配置模型的关系极为密切。一般情况下,语境变量之间具有"触发物→情感→行为"的逻辑因果关系。当要求的责任者同时与触发物和反馈行为相关的时候,该因果关系有所延伸,即"触发物→反馈行为"。也就是说情感的反馈者因为本身是某个情感所针对的对象,所以他所做出的反馈行为应该符合人们对情感触发物的期待。比如例(2)中,要求的责任者是被爱的对象,所以她就应该对他人的情感实施合理的反馈行为,即"不再固执",同书桓重归于好。

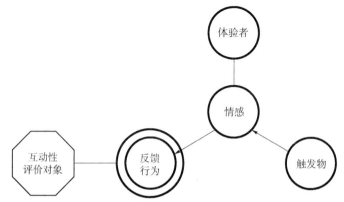

图 6-1 要求的情感配置模型特征(行为-建构式配置 1)

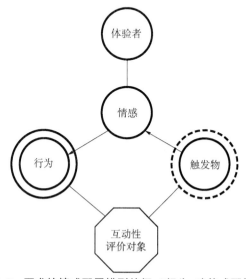

图 6-2 要求的情感配置模型特征(行为-建构式配置 2)

---

① 关于话步复合体参见 Ventola(1987)。

这类要求中,互动性评价对象基于情感与反馈行为之间的和谐关系获得正面价值。在互动性评价层次上,情感与反馈行为相互支持的和谐关系会产生积极的判断意义。因为促成他人美好情感的行为,或者是对他人的积极情感有所回报的行为在社会伦理道德的标准下是恰当的,具有积极的恰当性意义。积极的判断意义转化为互动性评价对象的正面价值,满足了要求功能对互动性评价对象的价值期盼。

6.1.2 道歉(2)

有7%的道歉(2)也是通过这种配置方式来体现的。如前所述,道歉(2)的互动性评价对象是听者对言者的谅解行为。道歉(2)对互动性评价对象具有正面的价值期盼。这类道歉中,互动性评价对象只与情感配置模型中的反馈行为相关。为了获得对方的谅解,言者会竭力建立模型成分之间的合理关系。他们特别强调情感和情感行为之间的逻辑因果关系。具体地说,他们会从情感成分出发,将自己的过失行为识解为情感配置模型中的情感行为成分。这样虽然该行为本身伤害了听者,因而获得消极的判断意义,但是在情感配置模型中,它们作为由情感产生的结果,模型成分之间的因果逻辑关系向该行为赋予了一定的合理性。当情感和情感行为之间的合理关系被建构起来以后,反馈行为与情感行为之间也会被赋予隐性的因果关系(见图6-3)。

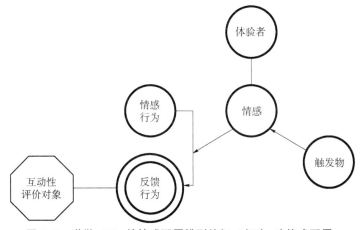

图6-3 道歉(2)的情感配置模型特征(行为-建构式配置)

这类道歉中,既可以使用积极情感词,也可以使用消极情感词。样本库中涉及的情感词是"爱"和"害怕"。例(3)和例(4)分别是使用了消极情感词和积极情感词的道歉(2)的实例。

(3)（柳静言不得已逼迫妻子依依喝掉了打胎药，他恳求依依的谅解）

他可以领会她眼睛中的言语，事实上，这眼光比言语更凶狠，她像是在对他怒吼："你是魔鬼！你是谋杀犯！你是刽子手！"

柳静言提起笔来，仓促地写："依依，请原谅我不得不出此下策！**我害怕再有一个残废的孩子，请谅解我！**"

——《六个梦之哑妻》

(4)（旭琴一直当作亲妹妹看的女孩晓琳夺走了她的丈夫。她来找晓琳，晓琳恳求旭琴的谅解）

她却做梦也想不到他们在来往着。而现在，这个女孩却夺去了她的丈夫！

"琴姐，我没有办法不爱他……琴姐……"

——《幸运草》

例（3）和例（4）中，互动性评价对象与情感配置模型中的反馈行为具有同指关系。这两个实例的共同特点是言者将自己伤害对方的行为识解为由于情感而产生的情感行为。因为情感和情感行为之间存在逻辑因果关系，所以言者的行为能够获得情感成分的支持，而具有了合理性。情感行为的合理性，为言者所期待的反馈行为提供了外在条件。例（3）中，言者（柳静言）因为"害怕"而采取了"逼迫妻子依依喝掉了打胎药"的行为，例（4）中，言者（晓琳）因为"爱"而夺走了听者的丈夫。在这两个实例中，言者为自己的行为找到了情感支撑，进而对其赋予合理性。

在这类道歉中，互动性评价对象基于情感与情感行为以及情感行为与反馈行为之间的合理因果关系获得正面价值。上述实例分别使用了消极情感词"害怕"和积极情感词"爱"，可见情感词的效价与互动性评价对象所获得的正面价值没有直接关系。在互动性评价层次上，情感、情感行为、反馈行为之间的建构式配置产生了积极的判断意义。尽管言者的行为伤害了听者，而且是不符合社会伦理道德的，但是言者的行为受到强烈情感的驱使，实属"情非得已"。听者谅解这种具有一定"合理性"的伤害行为，也算是合乎情理的。我们看到，在这里，情感行为和反馈行为之间建立一种勉强的和谐关系，产生了积极的恰当性意义，进而转化为互动性评价对象的正面价值，满足了道歉（2）对互动性评价对象的价值期盼。

6.1.3 安慰（2）

约有4%的安慰（2）是通过这种配置方式体现的。在这类安慰中，互动性评价对象与情感配置模型中的两个成分相关：首先，互动性评价对象与反馈行为具有同指关系；其次，互动性评价的责任者在情感配置模型中占据触发物位置，是情感针对的对象。此时，责任者的反馈行为会受到其触发物身份的影响（见图6-4）。因为情感和触发物的稳定关系能够促进听者改善情感体验，所以言者会采用各种手段来稳定听者的情感触发物地位。

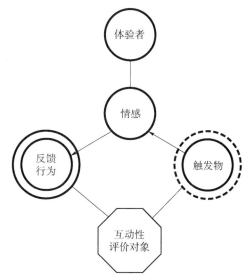

图 6-4　安慰（2）的情感配置模型特征（行为–建构式配置）

这类安慰所涉及的典型情感词是"爱"和"感动"。

（5）（宛露得知自己不是父母的亲生女儿的消息之后受到了巨大的打击，她的养父段立森安慰她）

（段立森）"我知道这件事对你而言，好像一个晴天霹雳。但是，人生有很多事，都是你预料不到的，假如你不对这世界太苛求，你想想看，宛露，你并没有损失什么。**爸爸妈妈以前爱你，现在还是爱你，以后一样爱你**，你的出身，没有关系，你永远是我们的女儿！"

——《我是一片云》

在例（5）中，听者作为安慰（2）的互动性评价责任者。这类责任者因为同时占据着触发物和行为反馈者两种身份，这使他们的反馈方式受到了触发物身份的影响。例（5）中，听者是"爱"的触发物，触发物的稳定身份为它执行改善情感的行为提供了合理的外在条件。为了增强安慰的效果，言者段立森一再地强调宛露作为家庭成员的情感触发物的地位不会因为她的身世被揭穿而有所改变。连续的 3 个话步"爸爸妈妈以前爱你，现在还是爱你，以后一样爱你"属于加强型的级差手段，其功能在于使听者的触发物地位更为稳定。

从以上的分析可见，在安慰（2）中，言者要想达到安慰的目的应该强化听者的情感触发物地位。当言者在听者获得了稳定的触发物地位时，互动性评价对象所接收到的正面价值才具有最佳的安慰效果。

在这类安慰中，互动性评价对象基于其触发物身份而获得正面价值。与前面的要求和道歉（2）类似，当互动性评价的责任者同时与触发物和反馈行为相关的时候,情感配置模型成分之间的"触发物→情感→行为"的逻辑因果关系有所延伸。言者在触发物和反馈行为之间也建立了因果关系,即"触发物→反馈行为"。这时情感的反馈者因为本身是某个情感所针对的对象,所以他所做出的反馈行为应该符合人们对特定情感触发物的期待。在互动性评价层次上,这种配置产生了积极的判断意义。既然听者是积极情感的对象,那么他们就有理由为此而获得心理上的"安全感",改善消极情感的行为就是恰当的。

本节阐述了情感词借助行为-建构式配置方式发挥人际功能的情况。这类配置方式在样本库中占2.9%。触发物-解除式配置方式共涉及了3种人际功能。采用行为-建构式配置方式的人际功能具有以下特征:①在情感配置模型方面,各种功能的互动性评价对象可以与情感配置模型的1~2个成分发生关联。道歉(2)以及一部分要求只与反馈行为相关联,而还有一部分要求以及安慰(2)都同时与反馈行为和触发物相关。②在满足价值期盼的方面,互动性评价对象基于情感与情感行为、反馈行为与触发物之间逻辑因果关系而获得正面价值。当互动性评价对象与情感配置模型中的两个成分相关联的时候,言者还在二者之间建立了"触发物→反馈行为"的因果关联。在这类配置方式中,无论是积极情感词还是消极情感词,它们都用于体现具有正面的价值期盼的人际功能。

6.2 行为-解除式配置

行为-解除式配置在共鸣类型系统和模型关系系统中的选择情况如下:

第一,在共鸣类型系统中选择行为共鸣。人际功能的互动性评价对象与情感配置模型中的行为成分直接或间接相关。

第二,在模型关系系统中选择建构式配置。在行为-解除式配置中,互动性评价对象具有解除情感配置模型的功能。互动性评价对象基于对情感配置模型的解除功能而取得正面或负面价值。

表6-2总结了行为-解除式配置所能体现的功能,以及这种配置方式在相关人际功能中所占的比重。

表 6-2 行为-解除式配置的应用情况

人际功能	比例	人际功能	比例
安慰(2)	4.0%	要求	8.1%

在全部样本库实例中,行为-解除式配置约占2%。如表6-2所示,采用这种配置手段的人际功能只有两种,它们是安慰(2)和要求。相对来说,这种配置方式在要求中所占的比重达到了8.1%,具有比较重要的地位;在安慰(2)中所占比重不到5%,处于相对次要的地位。在样本库中,采用这种配置方式的多为消极情感词。消极情感词通过行为-解除式配置能够体现具有正面价值期盼的

人际功能。

但是在样本库中，这类配置方式的实例都只涉及反馈行为，而不涉及情感行为。所以本小节以下部分只讨论反馈行为-解除式配置。如前所述，这种配置方式涉及两种人际功能：要求和安慰（2）。在样本库中，采用这种配置方式的情感词主要是消极情感词。

6.2.1 要求

在样本库中，有8%左右的要求实例是通过这种配置方式体现的。在这类要求中，互动性评价对象与情感配置模型中的1~2个成分相关：一种情况是，互动性评价对象只与反馈行为相关。这时与反馈行为-解除式配置模型的要求相同，要求的互动性评价的责任者是与体验者具有密切关系的人。当体验者具有消极情感的时候，它们有对体验者进行援助的义务（见图6-5）；另一种情况是，互动性评价对象与情感配置模型中的两个成分相关：互动性评价对象不但与反馈行为具有同指关系，其责任者还是情感配置模型中的触发物。这时，责任者受到其触发物身份的影响，承担着对消极情感做出反馈行为的义务（见图6-6）。在第一种情况下，互动性评价对象从反馈行为的位置上对情感配置模型进行解除；在第二种情况下，反馈行为对情感配置模型的解除除了涉及反馈行为成分，还涉及触发物成分。这时配置模型的解除往往采取隐性的手段，虽然没有否定语法标记，但是参与者仍然能够通过情景语境理解互动性评价对象对情感配置模型的解除作用。

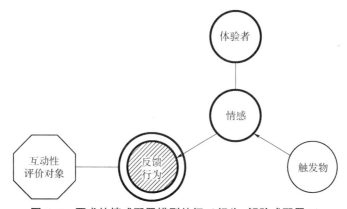

图6-5 要求的情感配置模型特征（行为-解除式配置1）

这类要求中典型的情感词是"生气""委屈"和"害怕"。例（6）是互动性评价对象与情感配置模型中的反馈行为相关的实例。

（6）（江仰止因为总出去下棋惹妻子生气，他请求女儿江雁若出面安慰母亲）

江雁若还没走到玄关，江仰止就迎到门口来，对江雁若抬抬眉毛，尴尬地笑笑，低低地说："① 雁若，赶快去哄哄你妈妈，② 她还在生气，③ 只有你有办法，④ 赶快去！"

——《窗外》

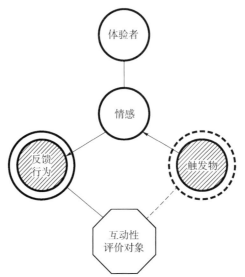

图 6-6　要求的情感配置模型特征（行为-解除式配置 2）

例（6）中，话步①和②构成了一个要求的复合话步。其中①是主导话步，话步②是辅助性要求话步。话步②中，要求的互动性评价对象与"生气"的情感配置模型中的反馈行为具有同指关系。要求的互动性评价的责任者与情感的体验者是母女关系，因此具有亲密的社会关系。在这种社会关系的约束下，听者有义务采取行为来终止体验者的消极情感，解除情感配置模型。在这里情感配置模型的解除采用了隐性手段，"只有你有办法"，暗示了互动性评价对象对配置模型的解除功能。

例（7）是互动性评价对象与反馈行为相关、和触发物具有同指关系的实例。

（7）（紫薇等人在箫剑的带领下准备去大理。但是乾隆派福伦前来说服大家回宫。大家动摇了，箫剑很气愤。紫薇劝大家再好好考虑一下）

紫薇看着他们两个消失在门口，叹了口气："① **难怪箫剑会生气**，②好不容易，把我们带到这儿，我们居然想回去，③我看，大家还是仔细想一想再说吧！"

——《还珠格格续集》

例（7）中，话步①"难怪箫剑会生气"也是辅助性的要求话步。她与话步②和③作为一个整体具有要求的功能。要求的互动性评价对象"大家还是仔细想一想"与"生气"的情感配置模型中的反馈行为成分相重合，要求的互动性评价的责任者是情感的触发者。触发者的身份增强了听者采取反馈行为的必要性。在例（7）中，互动性评价对象对情感配置模型的解除功能也是通过隐性手段体现的。互动性评价对象通过终止触发物的方式来解除情感配置模型。

在这类要求中，互动性评价对象基于对消极情感配置模型的解除功能而得到正面价值。在互动性评价层次上，模型关系解除能够产生积极的判断意义。因为如果听者将要执行的行为能够终止他人的消极情感，那么这样的行为无疑是恰当的，具有积极的判断意义。积极的判断意义转化为互动性评价对象的正面价值。

6.2.2 安慰（2）

在样本库中，约有4%的安慰（2）是通过这种配置方式体现的。与行为-建构式配置的安慰（2）相似（见6.1.3部分），在这类安慰中，互动性评价对象与情感配置模型中的两个成分相关：一方面，互动性评价对象与反馈行为相关；另一方面，其责任者在情感配置模型中充当了缺席的触发物（见图6-7）。责任者的反馈行为会受到其触发物身份的影响。但是与行为-建构式配置的安慰（2）不同的是，为了改善听者的情感状态，达到安慰的目的，言者要想办法将责任者从消极情感的配置模型中分离出来。只有解除了责任者和消极情感之间的触发关系，责任者的反馈行为才会真正地成为现实。这时情感配置模型的解除往往采用否定语法标记或者词汇手段。与此类配置的要求不同，这时情感配置模型的解除不是反馈行为的功能，而是言者主动将听者识解为缺席的触发物所造成的结果。换言之，言者从一开始建构的就是一个不完整的情感配置模型。其实在这里还隐含了另一个情感配置模型，即听者的反馈行为本身也构成了另一个情感配置模型中的情感成分。这个隐性的情感配置模型是类似于"担心""放心"一类的情感词的配置模型，在这里我们对这个隐性的情感配置模型不做深入的论述。

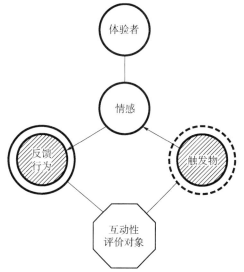

图6-7 安慰（2）的情感配置模型特征（行为-解除式配置）

这类安慰涉及的典型的情感词是"恨"和"生气"。

(8) (魏如峰和晓彤重归于好。魏如峰为自己以前的行为忏悔，并向晓彤做出了承诺，得到晓彤的谅解和安慰)

魏如峰喘了口气："晓彤，让那一个坏的魏如峰被晓白杀死吧，让那个好的我留下来！干干净净的我，纯纯洁洁的我，能够配得上你的我！"

"哦，如峰，哦！"晓彤哭着喊，把面颊贴在魏如峰的脸上，眼泪弄湿了魏如峰的脸，流进了他的嘴唇里。

"我从没有恨过你，如峰，我从没有（恨过你）！"

——《几度夕阳红》

(9) (雨鹃拒绝了郑老板的提婚，害怕郑老板会生气，郑老板安慰了她)

她（雨鹃）的眼睛睁得更大了，不知道他有没有生气，怀疑地看着他（郑老板）。"你……你……生气了？"

他哈哈大笑了。"你放心！**那么容易生气，还算什么男人！**"

——《苍天有泪》

例（8）和例（9）中，互动性评价对象都同时与情感配置模型的反馈行为和触发物相关。安慰的互动性评价的责任者不但是反馈行为的实施者，他们也是潜在的消极情感的触发者，因为在情景语境中他们的行为都伤害过听者，他们都担心自己成为对方消极情感的触发物。这时对他们最有效的安慰就是将他们从消极情感触发物的位置上解脱出来。例（8）采用了否定副词"没有"来解除配置模型关系，例（9）采用了具有否定意义的句式来完成这一任务。

在这类安慰中，互动性评价对象能够获得正面价值是基于言者对情感配置模型关系的主动解除。在互动性评价层次上，模型成分之间的解除式关系产生了积极的判断意义。因为责任者没有引发他人的消极情感，所以责任者的行为就免于获得消极评价意义。这相当于为责任者执行改善情感状态的要求提供了外在条件，使互动性评价对象的实施具备了"可能性"，因此获得正面价值。

本节阐述了情感词借助行为-解除式配置方式发挥人际功能的情况。这类配置方式在样本库中占2%。行为-解除式配置方式共涉及两种人际功能，其中要求功能的互动性评价对象可以只与情感配置模型的反馈行为发生关联，如例（6），也可以与反馈行为和触发物都发生关联，如例（7）。安慰（2）则必须同时与情感配置模型的反馈行为和触发物发生关联，如例（8）。要求和安慰（2）获得配置的原理略有不同。在要求中，互动性评价对象因为会主动解除消极情感的配置模型而得到正面价值；在安慰（2）中，言者主动建构一个不完整的情感配置模型，把互动性评价的责任者从触发物的位置上解脱出来，这样就为责任者行为的实现提供了外在条件，互动性评价对象因此获得了正面价值。

6.3 行为-失调式配置

行为-失调式配置在共鸣类型系统和模型关系系统中的选择情况如下：

第一，在共鸣类型系统中选择行为共鸣。人际功能的互动性评价对象与情感配置模型中的行为成分直接或间接相关。

第二，在模型关系系统中选择模型成分失调。在行为-失调式配置中，情感行为或反馈行为与情感之间的关系不能为社会归约所接受。在这类配置中，互动性评价对象基于情感配置模型成分间的不协调关系而获得负面价值。

表6-3总结了行为-失调式配置所能体现的人际功能，以及这种配置方式在相关人际功能中所占的比重。

表6-3 行为-失调式配置的应用情况

人际功能	比例	人际功能	比例
批评	11.1%	阻止	10.3%
拒绝	2.2%		

在全部样本库实例中，行为-解除式配置占3.2%。如表6-3所示，有3种人际功能采用这种配置方式，它们是批评、阻止和拒绝。比较而言，这种配置方式在批评和阻止功能中比较重要，所占比重都超过10%。该配置方式在拒绝中所占比重较低，只有2%左右。采用这类配置方式的人际功能的互动性评价对象都只获得负面价值。

在样本库中，这类配置方式的实例既涉及反馈行为，又涉及情感行为，所以本小节的以下部分我们将分别讨论情感行为-失调式配置和反馈行为-失调式配置。

6.3.1 情感行为-失调式配置

我们在第4章曾经介绍过，按照失调成分的类型，模型成分失调可以分为3种：触发物失调、情感行为失调和反馈行为失调。在情感行为-失调式配置中，只涉及情感行为失调的情况。情感词借助情感行为-失调式配置能够体现批评和拒绝功能。

6.3.1.1 批评

有9.4%的批评采用情感行为-失调式配置。这类批评的互动性评价对象与情感行为相关。虽然情感行为的实施者和情感的体验者具有同指关系，但是在这里互动性评价对象因为情感行为不当而得到负面价值，而与责任者体验何种类型的情感无关。因此我们认为这类批评属于情感行为共鸣，而非体验者共鸣。在这类配置方式中，情感行为与情感具有相互矛盾的关系，或者说处于失控的状态（见图6-8）。

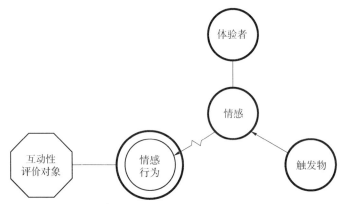

图6-8　批评的情感配置模型特征（情感行为-失调式配置）

这类批评中既可以使用积极情感词也可以使用消极情感词。可以用于这类批评的典型积极情感词是"爱"和"高兴"。

（10）（听到雨鹃决定要嫁给郑老板，姐姐雨凤非常惊讶。她责问雨鹃）
（雨凤问）"什么叫作你已经决定嫁给郑老板了？你为什么这样骗他？"
"我没有骗他，我真的决定了！"雨鹃瞪大眼，痛楚地说。
"为什么？**你不是爱阿超吗？**"

——《苍天有泪》

例（10）中，话步"你不是爱阿超吗？"具有批评功能。该话步是情感行为与情感相互矛盾的实例。批评的互动性评价对象被识解为失调的情感行为。因为情感行为是情感的结果，尤其对于"嫁"和"娶"这样的行为更是如此。只有在有"爱"的前提下，"嫁"和"娶"才是正常、合理的行为。"爱"的和谐情感配置模型应该是体验者基于"爱"触发物的情感而对触发物实施"嫁"或"娶"的行为。但是在例（10）中，"爱"的体验者是雨鹃，触发物是阿超，但是雨鹃"嫁"的对象却不是阿超，而是不具有情感配置模型成员身份的郑老板。这样的情感行为显然是与体验者的情感相冲突的。

可以用于这类批评的典型的消极情感词是"生气"。

（11）（小燕子和永琪生气，跳上柿子树拼命采柿子。永琪批评了她）
永琪抬头看着发疯一样采着柿子的小燕子，真是啼笑皆非，又无可奈何。忍着气，他喊着："小燕子！你下来！"
（小燕子）"我为什么要下来？"
"①**你跟我生气**，就冲着我来，②去折腾一些哑巴柿子，算什么……"

——《还珠格格续集》

例(11)是情感行为失控的实例。①和②组成复合批评话步,该批评的互动性评价对象是听者小燕子"去折腾一些哑巴柿子"的行为。互动性评价对象与情感配置模型中的情感行为相重合。这个情感行为虽然与情感具有因果关系,但是却是失控的行为。

在这类批评中,既可以使用积极情感词,如"爱"和"高兴",也可以使用消极情感词,如"生气"。但是无论使用哪类情感词,互动性评价对象都只能获得负面价值。这说明在这类配置中,互动性评价对象所获得的价值与情感词的效价没有直接的关系,而是基于情感行为与情感之间的不和谐关系。在互动性评价层次上,情感行为和情感之间的失调式配置能够产生消极的判断意义。当情感和情感行为矛盾时,如例(10),会违反社会规约对人们情感和情感行为的期待;当情感行为失控的时候,会对体验者本人或者他人造成伤害或损失,如例(11),这样的行为显然也不具有恰当性。总体上看,模型成分失调会产生消极的社会约束意义,这个消极的判断意义转化为互动性评价对象的负面价值。

6.3.1.2 阻止

在样本库中,只有1.5%的阻止采用了情感行为-失调式配置。这类阻止中,互动性评价对象与情感行为相互重合。与采用同种配置方式的批评相似,虽然互动性评价的责任者既是情感行为的实施者也是情感的体验者,但是在这里互动性评价对象是因为情感行为的不恰当性获得负面价值,而与他的情感体验本身没有直接关系,所以这类阻止属于情感行为共鸣,而非体验者共鸣。在这类配置方式中,情感行为与情感具有相互矛盾的关系,或者处于失控的状态(见图6-9)

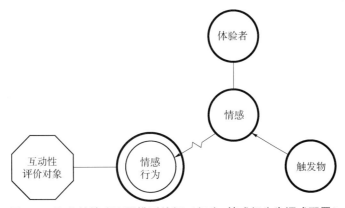

图6-9 阻止的情感配置模型特征(行为-情感行为失调式配置)

在样本语料库中,这类阻止主要涉及一个情感词"高兴"。

(12)(阿超见大家都帮他说好话,心里高兴极了,就开始口无遮拦,雨鹃向他发出警告)

阿超心情太好了,有点得意忘形,又接口了:

"就是嘛！其实我娶雨鹃，都是看在小三小四小五份上，他们对我太好了，舍不得他们，这才……"

雨鹃重重地咳了一声嗽："嗯哼！**别说得太高兴哟！**"

——《苍天有泪》

例（12）中，话步"别说得太高兴哟！"具有阻止的功能。这个阻止话步的互动性评价对象是阿超的言语行为。在例（12）中"高兴"一方面用于评价阿超的情感状态，另一方面也构成了情感行为"说得太高兴"的一部分，用于评价听者当前的言语行为。在例（12）中，"说得太高兴"有得意忘形的意味。言者在暗示听者由"高兴"所引发的情感情感行为（前面的言语行为）是失控的。

在这类阻止中，互动性评价对象基于情感行为在情感配置模型中的失调性而得到负面价值。在互动性评价层次上，这种模型成分失调关系产生了消极的判断意义。因为尽管情感行为是情感的自然结果这一点无可厚非，但是当情感行为失控以至于会给体验者或他人带来不良影响的时候，该行为就具有消极社会约束意义。消极社会约束意义转化为互动性评价对象的负面价值，满足了阻止功能对互动性评价对象的价值期盼。

6.3.2 反馈行为-失调式配置

在反馈行为-失调式配置中，只涉及反馈行为失调的情况，在样本库中没有触发物、体验者失调的实例。情感词借助反馈行为-失调式配置方式能够体现批评和阻止的功能。

6.3.2.1 批评

在样本库中，有1.7%的批评是通过反馈行为-失调式配置体现的。这类批评中，互动性评价对象与反馈行为相重合。反馈行为的失调特征主要是指对他人的消极情感没有给予同情和帮助（见图6-10），这样的反馈行为无法得到社会规约的认可。

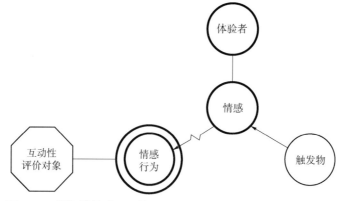

图 6-10　批评的情感配置模型特征（行为-反馈行为失调式配置）

这类批评主要涉及消极情感词。典型的消极情感词是"痛苦"和"委屈"。

(13)（蒙丹误会了大家的意思，以为含香违背了与自己的约定，所以感到焦急。这引发了紫薇的不满）

紫薇瞪着蒙丹，想到含香的痴情，还引来这样的误会，想到自己的痴情，却换来尔康这样的冷淡，就话中有话，呼吸急促地对蒙丹说：

"你这样说含香，你是咒她死无葬身之地！你难道没有听说过，痴心女子负心汉！女人都是倒霉的，她已经百般委屈了，你还这么说她！……"

——《还珠格格续集》

例（13）中，言者紫薇的两个话步"她已经百般委屈了，你还这么说她！"具有批评的功能。批评的互动性评价对象是听者的言语行为。该互动性评价对象与情感配置模型中的反馈行为是重合的。在情景语境中，互动性评价的责任者和情感体验者具有亲密的社会关系。他本来有责任安慰情感体验者，或者为其提供帮助以改善情感状态，但是责任者的实际反馈行为却与社会的期望背道而驰，所以该反馈行为是失调的。

在这类批评中，互动性评价对象基于其在情感配置模型中的失调性特征而获得负面价值。在互动性评价的层次，这种失调性配置产生了消极的判断意义。因为责任者非但不对与自己有亲密社会关系的消极情感体验者施以援手，甚至还雪上加霜，这样的行为是不恰当的。这种不恰当的判断意义转化为互动性评价对象的负面价值，满足了批评功能对互动性评价对象的价值期盼。

6.3.2.2 阻止

在样本库中，有8.8%的批评是通过反馈行为-失调式配置体现的。这类阻止中，互动性评价对象也与反馈行为相重合。在这里，反馈行为失调是指听者对他人的情感所做的反馈是没有必要的。因为只有当他人具有某种消极情感的时候，同情和帮助才是必要的。而当事人并不具有消极的情感体验时，反馈者的干预就显得多余和不必要了。为了将听者的行为识解为失调的反馈行为，言者经常否认消极情感的存在，或者建构积极的情感配置模型。

这类阻止涉及的典型的情感词是"生气"和"高兴"。

(14)（何书桓和依萍看见妹妹如萍在酒吧里喝醉了行为放肆，被一群坏男孩围住。他提出应该送如萍回家，被依萍阻止了）

（何书桓）"你妹妹醉了，我们应该把她送回家去！"

（依萍）我按住何书桓的手说："你少管闲事，随她去吧！"

"我不能看着她这副样子，这样一定会出问题！"何书桓想走过去。我紧拉着何书桓说："她出问题干你什么事？你坐下来吧！她自己高兴这样，你管她干什么？"

——《烟雨濛濛》

例（14）中的话步"她自己高兴这样"对何书桓的行为具有阻止功能。依萍为了阻止何书桓的行为建构了"高兴"的情感配置模型。"高兴"的体验者是当事人如萍，触发物是如萍当时的处境。互动性评价对象——何书桓的行为，被建构成这个配置模型中失调的反馈行为。作为情感的反馈者，只有当他人处于消极情感状态的时候他才有义务采取干预行为。依萍将当事人如萍识解为"高兴"的体验者，说明依萍认为如萍主观上愿意当前的事态继续下去，当前的事态并没有触发她的任何消极情感，这就使何书桓的干预行为显得多此一举，因此是失调的。

在这类阻止中，互动性评价对象基于在情感配置模型中的失调关系而获得负面价值。在互动性评价层次上，这种反馈行为失调式的配置会产生消极的判断意义。因为在他人不需要的时候提供帮助，这样的行为是不符合社会规约的，因而具有消极的恰当性意义。消极的恰当性意义使互动性评价对象获得负面价值，满足了阻止功能对互动性评价对象的价值期盼。

本小节阐述了情感词借助行为-失调式配置发挥人际功能的情况。这类配置方式在样本库中占3.2%。行为-失调式配置分为两种：情感行为失调和反馈行为失调。每一种类型的失调情况都能派生出批评和阻止的功能。在行为-情感行为失调式配置中，互动性评价对象与情感配置模型的情感行为发生关联；在反馈行为-失调式配置中，互动性评价对象与情感配置模型的反馈行为发生关联。互动性评价对象基于反馈行为与情感以及情感行为与情感之间的失调关系获得负面价值。这种配置与情感词的效价没有直接关联。

6.4 小　　结

本章我们论述了行为取向的配置方式在对话中体现人际功能的情况，具体涉及行为-建构式配置、行为-解除式配置以及行为-失调式配置。在这类配置方式中，互动性评价对象必须与情感配置模型中的行为成分相关。除此以外它们还可以经常与触发物成分相关。在行为取向的配置方式中，互动性评价对象的正面或负面价值由行为成分与其他模型成分的关系决定。模型关系建构和模型关系解除一般体现具有正面价值期盼的人际功能；而模型成分失调一般体现具有负面的价值期盼的功能。在行为取向的配置方式中，情感词在两个评价层次所属的态度范畴不同：情感词在表层评价层次上仍然属于情感范畴，情感词在互动性评价层次上属于判断范畴。互动性评价对象所获得的正面和负面价值就来源于这些判断意义。

第 7 章 结　　论

本章回顾并总结研究的主要内容和发现，指出研究中存在的一些不足，并对未来提出展望。

7.1 研究回顾

本书以系统功能语言学中的评价系统为基础，以评价层次性的思想为指导，探索情感意义与相关语境变量在对话语篇中的配置方式。

首先，文献综述部分在人际功能视角下梳理了语言学领域主要的情感意义研究。文献综述显示现有的情感意义研究存在 3 个问题：一是过度依赖情感意义的类型和数量来解释其在语篇中所发挥的功能；二是情感意义范畴的识别缺乏具有可操作性的标准；三是只研究情感意义本身，而较少关注情感意义变量对情感意义发挥各种功能的影响。已有的研究表明，在情感意义的研究中引入情感意义变量能够有效地弥补上述不足，并能够为情感意义在语篇中所发挥的人际功能提供更为深入的解释。

本书的主体由两部分构成：理论框架部分以及对理论框架的应用和验证部分。第 3 章是本书的理论框架部分。第 3 章以评价系统为基础，以评价层次性的思想为指导建立了情感意义与语境变量的配置系统（见图 3-8）。该系统包含两个子系统：共鸣类型系统和模型关系系统。通过情感意义与语境变量的配置系统我们回答了本书的第一个研究问题：情感意义与其语境变量之间具有怎样的关系，它们之间具有何种配置方式？

本书的第 4 章、第 5 章和第 6 章对理论框架进行应用和论证。根据情感意义与语境变量的配置系统，情感意义和语境变量之间具有 9 种配置方式。按照共鸣类型特征，它们可以分为 3 类：体验者取向的配置方式（具体包括体验者-建构式配置，体验者-解除式配置和体验者-失调式配置）、触发物取向的配置方式（具体包括触发物-建构式配置，触发物-解除式配置以及触发物-失调式配置）以及行为取向的配置方式（具体包括行为-建构式配置，行为-解除式配置以及行为-失调式配置）。本书的第 4 章至 6 章分别讨论了上述 3 类配置方式在对话语篇中体现人际功能的情况。这 3 章主要目的是回答本书的第二个问题：每种配置方式能够体现哪些人际功能，不同的配置方式能否为情感意义所发挥的人际功能提供合理、有效的解释？在回答第二个研究问题的过程中，我们还对情感意义与语境变量配置方式系统进行了验证和发展。

第 4 至第 6 章的研究表明，由情感意义与语境变量的配置系统所派生的 9 种配置方式能够发挥本书所涉及的全部种类的人际功能，并能够为其提供较为合理的解释。根据该系统，我们能够解释样本语料库中 83.1% 的人际功能实例，而样本库中其余 16.9% 的实例因为受到了话步之间逻辑关系的影响（比如转折等），或者叙事因素的影响而超出了本书的研究范围。我们将在后续的研究中予以解决。

此外，第三部分的分析还表明，在具体的对话语境中，情感意义与互动性评价对象在建立了共鸣的基础之上还可能与情感配置模型的其他成分发生关联。不同的关联也会对情感意义所发挥的人际功能的类型产生影响。在不同的人际功能中，情感配置模型成分关系的建构存在差异。

最后，根据本书第三部分的论述我们还归纳出人际功能所选择的典型的情感词及典型的配置模式。

7.2　主要贡献

本书的主要贡献包括以下 3 个方面：

第一，基于前人对评价层次性的研究，我们发现对话语篇中也同样存在两个评价层次：表层评价和互动性评价。互动性评价是对话步的人际功能发挥关键性作用的评价，互动性评价依靠表层评价来体现，表层评价最终要转化为互动性评价。情感意义能够发挥各种人际功能的一个根本原因就在于它实现了从表层评价向互动性评价的转化。

第二，基于上述认识，我们提出了情感意义与语境变量的配置系统（见图 3-8）。该系统解释了情感意义从表层评价向互动性评价的转化过程。该系统由两部分构成：共鸣类型系统和模型关系系统。共鸣类型系统负责在情感意义和互动性评价对象之间建立关联，在该系统中的选择满足了情感意义从表层评价转化为互动性评价的前提条件；模型关系系统的任务是使情感意义与语境变量的配置能够满足人际功能对互动性评价对象的价值期盼，这是情感意义从表层评价转化为互动性评价的必要条件。这两个系统之间具有合取关系，每一个情感意义要在对话中发挥人际功能都必须在这两个系统中进行选择。

第三，根据情感意义与语境变量的配置系统，我们总结出互动性评价层次的不同评价范畴所对应的典型的人际功能类型、情感词以及相应的配置方式（见附录 1）。

综上所述，本研究的意义体现在以下 3 个方面：

第一，情感意义与语境变量的配置系统能够比较合理、有效地解释情感意义发挥多种人际功能的原理。情感意义与语境变量的配置系统将语境变量纳入人际意义研究的理论框架之内。其基本思想为：情感意义在语篇中发挥各种功能是与多个语境变量相互配置的结果。该系统的建构改变了以往研究中片面地强调情感意义的类型和分布的研究方法，让语篇分析的结果更有效、更可信。因此该系统值得应用于语篇分析的实践，并在实践中进一步修正和完善。

第二，本书提出的情感意义在对话语篇中的双重评价层次具有两方面的重要性：首先，它将情感意义发挥人际功能的根本原因归结于情感意义在互动性评价层次上的评价功能，这再次证明单纯从语篇表层考察情感意义的类型和数量无法充分地解释情感意义和人际功能之间的关系；其次，它在一定程度上有利于解决研究者经常遇到的态度系统的范畴界限不清的问题。在不区分评价层次的情况下，研究者在标注评价词汇的所属范畴时候经常会陷入两难的境地。一个情感词在何种情况下属于情感范畴，在何种情况下又属于判断范畴，没有十分可靠的依据。对此，本书提出的解决办法是从两个评价层次上来确定评价意义的范畴。首先在表层评价层次上，以情感词为代表的评价性词汇的评价对象是其体验者的情感状态，因而属于情感范畴；但是在互动性评价层次上，情感词所在的情感配置模型作为一个整体发挥评价功能，情感配置模型的评价对象是关于互动性评价的责任者的情感、行为、品质、事件（互动性评价对象）等，因此它可以属于情感、判断以及鉴赏范畴。这样，情感词与情感词的配置模型所属的态度范畴可能相同，也可能不同。当二者相同的时候（一般同为情感范畴），争议较少；而当二者不同的时候，则争议较多。从情感配置模型的整体出发，能够在一定程度减少这样的争议，同时范畴划分也有了更可靠的依据（参见附录1）。

第三，本书采用了新的研究视角，在解释情感意义与其发挥的人际功能之间的关系时不再局限于体现情感意义的语言成分本身，而将研究的范围扩展到情感意义的语境变量。本研究表明，新的研究视角是有益的，值得进一步扩展到其他的情感意义变量。

7.3 问题与展望

本书以评价系统中的态度系统为基础，基于评价层次性的指导思想，探索了情感意义在对话语篇中发挥人际功能的机制。虽然有一定的发现，但是由于时间、精力等诸多因素的限制还有不少差强人意之处。学无止境，笔者将在今后的研究中努力改善。

本书主要存在以下4个问题：

第一，情感词的数量少。现代汉语中情感词汇多达1 505个，宋成方（2012）所总结的情感词表中也有189个典型的情感词。但是本书只选取了其中使用频率最高、代表性最强的13个情感词作为研究对象。由于情感词的数量较少，本研究中无法体现情感类型变量对情感词发挥的人际功能影响。情感类型变量对情感词的人际功能也具有重要的影响，比如我们在警示部分就注意到通常情第二，变量的数目少。语言学中已经发现了很多情感意义变量，它们对于情感意义发挥人际功能都具有重要作用。但是由于个人精力和可操作性等因素的限制我们只考察了体验者、触发物、行为3个变量。其实情感的现实性变量、否定变量、类型变量、程度变量都会对于情感词发挥人际功能的效果产生影响，我们将在今后的研究中做进一步的探索。此外，本书在分析过程中不考虑转折等逻辑语义关系的影响，它对于常规的情感词汇的功能具有取消的作用。因为这种逻辑语义关系能够将本来不应该用于某种人际功能中的情感词及其配置纳入体现相关功能的话步中。不过它们恰恰从反面证明了本研究的合理性。例如：

"绍谦，你的求亲，让我好感动，我这样一个人……能够有你这么好的男人来求亲……真是我前生修来的……可是，我不能够答应你！"

——《杨柳青青》

如果仅看话步，"绍谦，你的求亲，让我好感动"这个小句的话，它应该具有赞赏或接受的功能。但是通过语义的转折，"感动"的情感配置模型被应用于拒绝中。这种转折关系恰恰表明"感动"这个情感词正常情况下是不应该用于拒绝的。

第三，语料类型和规模的限制。本研究对语料有比较严格的要求，一方面要求语料中基本涵盖现代汉语中所有常见的情感词，并且具有较高的使用频率；另一方面要求情感词汇要出现在对话中。能够同时满足这两个条件的语篇类型莫过于言情小说或剧本。我国的语料库建设尚在起步阶段，现有的语料库无法满足我们的研究需求，因此要想完成本研究的任务我们只能自建语料库。又因为版权因素的限制，上述语料的获取异常艰难，所以作者只能退而求其次，选择台湾言情小说女作家琼瑶的60部经典言情小说建立语料库。好在这60部小说符合我们对语料的基本要求，不影响我们完成本书的研究任务。这样的语料构成无法避免作家个人写作风格的影响，而且虽然同为现代汉语，台湾与大陆的语言使用风格存在一定的差异。这一点我们将在今后的研究中加以改进。

第四，语料标注的主观性。本研究标注的项目繁多，不但要标注情感词本身的评价范畴以及经验变量的特征，还要对情感词话步的人际功能进行标注；而且无论是评价范畴还是人际功能类型的识别都常常存在着边界模糊和难以把握的情况。所以标注中的主观因素难以避免，这会给研究带来一定的影响。

总之，情感意义研究是语言学领域的一个重要的议题，它与语言中的很多问题密切相关。在系统功能语言学领域，情感意义还存在广阔的研究空间等待我们去探索。

参 考 文 献

ARNDT H, JANNEY R W. Verbal, prosodic, and kinesic emotive contrasts in speech [J]. Journal of pragmatics, 1991, 15 (6): 521-549.

BAKHTIN M. Problems of Dostoevsky's poetic [M]. (Translated by Rotsel R W) Ann Arbor: Ardis, 1973.

BAZAROVA N N, TAFT J G, CHOI Y H, COSLEY D. Managing impressions and relationships on facebook: self - presentational and relational concerns revealed through the analysis of language style [J]. Journal of language and social psychology, 2013, 32 (2): 121-141.

BEAUMONT S L, WAGNER S L. Adolescent - parent verbal conflict the roles of conversational styles and disgust emotions [J]. Journal of language and social psychology, 2004, 23 (3): 338-368.

BEDNAREK M. Evaluation in media discourse: analysis of a newspaper corpus [M]. London: Continuum, 2006.

BEDNAREK M. Emotion talk across corpora [M]. New York: Palgrave Macmillan, 2008.

BEDNAREK M. Language patterns and attitude [J]. Functions of language, 2009a, 16: 165-192.

BEDNAREK M. Polyphony in appraisal: typological and topological perspectives [J]. Linguistics and the Human Science, 2009b, 3 (2): 107-136.

BEDNAREK M. Dimensions of evaluation: cognitive and linguistic perspectives [J]. Pragmatics & cognition, 2009c, 17 (1), 146-175.

BEDNAREK M. Corpus linguistics and systemic functional linguistics: interpersonal meaning, identity and bonding in popular culture [G] // BEDNAREK M, MARTIN J R. New discourse on language. London, New York: Continuum, 2010: 237-267.

BEDNAREK M. Expressivity and televisual characterization [J]. Language and literature, 2011, 20 (1): 3-21.

BEDNAREK M. "Get us the hell out of here": key words and trigrams in fictional television series [J]. International journal of corpus linguistics, 2012, 17 (1): 35-63.

BERNS N. Contesting the victim card: closure discourse and emotion in death penalty rhetoric [J]. The sociological quarterly, 2009, 50 (3): 383-406.

BESNIER N. Language and affect [J]. Annual review of anthropology, 1990, 19: 419-451.

BIBER D, FINEGAN E. Adverbial stance types in English [J]. Discourse processes, 1988, 11 (1): 1-34.

BIBER D, FINEGAN E. Styles of stance in English: lexical and grammatic marking of evidential and affect [J]. Text, 1989, 9 (1): 93-124.

BIBER D, JOHANSSON S, LEECH G, CONRAD S, FINEGAN E. Longman grammar of spoken and written English [M]. Beijing: Foreign Language Teaching and Research Press, 2009.

CAFFI C, JANNEY R W. Toward a pragmatics of emotive communication [J]. Journal of pragmatics, 1994, 22, 325-373.

CMEJRKOVÁ S. Emotions in language and communication [G] // WEIGAND E. Emotion in dialogic interaction. Amsterdam: John Benjamins Publishing, 2004: 33-54.

COFFIN C. The voices of history: theorizing the interpersonal semantics of historical discourses [J]. Text, 2002, 22 (4): 503-528.

CONRAD S, BIBER D. Adverbial marking of stance in speech and writing [G] // HUNSTON S, THOMPSON G. Evaluation in text: authorial stance and the construction of discourse. Oxford: Oxford University Press, 2000: 56-73.

CORTAZZI M, JIN L. Evaluating evaluation in narrative [G] // HUNSTON S, THOMPSON G. Evaluation in text: authorial stance and the construction of discourse. Oxford: Oxford University Press, 2000: 102-120.

COUPER-KUHLEN E. On affectivity and preference in responses to rejection [J]. Text & talk, 2012, 32 (4): 453-475.

DOWNES W. The language of felt experience: emotional, evaluative and intuitive [J]. Language and literature, 2000, 9: 99 – 121.

DRESCHER M. The negotiation of affect in natural conversation [G] // WEIGAND E, DASCAL M. Negotiation and power in dialogic interaction. Amsterdam: John Benjamins Publishing, 2001: 183-196.

DREW P, HOLT E. Complainable matters: the use of idiomatic expressions in making complaints [J]. Language, interaction, and social problems, 1988, 35 (4): 398-417.

DU BOIS W J, KARKKAINEN E. Taking a stance on emotion: affect, sequence, and intersubjectivity in dialogic interaction [J]. Text & talk, 2012, 32 (4): 433-451.

EGGINS S, SLADE D. Analyzing casual conversation [M]. London: Equinox, 1997.

FILLMORE C. J. FrameNet [DB]. [2015-03-25]. http://framenet.icsi.berkeley.edu/.

FIRTH J. R. Personality and language in society [J]. The sociological review, 1950, 42: 1-16.

FRIJDA N H, MARKAM S, SATO K, WIERS R. Emotions and emotion words [G] // RUSSELL J A. Everyday concepts of emotion. Netherlands: Kluwer Academic Publishers, 1995: 121-143.

GALES T. Identifying interpersonal stance in threatening discourse: an appraisal analysis [J]. Discourse studies, 2011, 13 (1): 27-46.

GOFFMAN E. Response cries [J]. Language, 1978, 54 (4): 787-815.

HAAKANA M. Laughter and smiling: notes on co-occurrences [J]. Journal of pragmatics, 2010, 42 (6): 1499-1512.

HALLIDAY M A K. Language as social semiotic: the social interpretation of language meaning [M]. London: Edward Arnold, 1978.

HALLIDAY M A K. An introduction to functional grammar [M]. 2nd ed. London: Arnold, 1994.

HALLIDAY M A K. The essential Halliday [M]. (WEBSTER J. ed). London: Continuum, 2009.

HALLIDAY M A K. Complementarities in language [M]. Beijing: The Commercial Press, 2008.

HALLIDAY M A K, MATTHIESSEN C M I M. Construing experience through Meaning: a language-based approach to cognition [M]. London, New York: Continuum, 1999.

HALLIDAY M A K, MATTHIESSEN C M I M. An Introduction to functional grammar [M]. 3rd ed. London: Arnold, 2004.

HO V. Managing rapport through evaluation in grounder: a qualitative study [J]. Journal of pragmatics, 2014, 61: 63-77.

HOEY M. On the surface of discourse [M]. London: George Allen & Unwin, 1983.

HOOD S. Appraising research: taking a stance in academic writing [D]. Sydney: Sydney University of Technology, 2004.

HOOD S. Texturing interpersonal meaning in academic argument: pulses and prosodies of value [G] //FOREY G, THOPMSON G. Text type and texture. London: Equinox, 2009: 214-233.

HOOD S. Appraising research: evaluation in academic writing [M]. New York: Palgrave Macmillan, 2010.

HOOD S, FOREY G. The interpersonal dynamics of call-centre interactions: co-constructing the rise and fall of emotion [J]. Discourse & communication, 2008, 2

(4): 389-409.

HOOD S, MARTIN J R. Invoking attitude: the play of graduation in appraising discourse [G] // HASAN R, MATTHIESSEN C M I M, WEBSTER J. Continuing discourse on language. London: Equinox, 2007: 739-764.

HSIAO C-H, SU L I. Metaphor and hyperbolic expressions of emotion in Mandarin Chinese conversation [J]. Journal of pragmatics, 2010, 42 (5): 1380-1396.

HUNSTON S. Evaluation and organization in a sample of written academic discourse [G] // COULTHARD M. Advances in written text analysis. London: Routledge, 1994: 191-218.

HUNSTON S, SINCLAIR J. A local grammar of evaluation [G] // HUNSTON S, THOMPSON G. Evaluation in text: authorial stance and the construction of discourse. Oxford: Oxford University Press, 2000: 74-101.

HYLAND K. Metadiscourse: exploring interaction in writing [M]. London: Continuum, 2005.

KLEINKE S. Emotional commitment in public political internet message boards [J]. Journal of language and social psychology, 2008, 27 (4): 409-421.

KNIGHT N K. "Still cool… and American too!": an SFL analysis of deferred bonds in internet messaging humour [J]. Language and communication, 2008, 29: 481-502.

KNIGHT N K. Wrinkling complexity: concepts of identity and affiliation in humour [G] // BEDNAREK M, MARTIN J R. New discourse on language. London: Continuum, 2010: 35-58.

KÖVECSES Z. Introduction: language and emotion concepts [G] // RUSSELL J A. Everyday concepts of emotion. Netherlands: Kluwer Academic Publishers, 1995: 3-15.

KRYK-KASTOVSKY B. Surprise, surprise: the iconicity-conventionality scale of emotions [G]// NIEMEIER S, DIRVEN R. The language of emotions: conceptualization, expression, and theoretical foundation. Amsterdam: John Benjamins Company, 1997: 155-169.

KUPETZ M. Empathy displays as interactional achievements-multimodal and sequential aspects [J]. Journal of pragmatics, 2014, 61: 4-34.

LEECH G N. Semantics [M]. Harmondsworth: Penguin, 1981/1985.

LEMKE J L. Resources for attitudinal meaning: evaluative orientations in text semantics [J]. Functions of language, 1998, 5 (1): 33-56.

LICHTENBERK F. Apprehensional epistemics [G] //Bybee J L, Fleischman S. Modality in grammar and discourse. Amsterdam: John Benjamins Publishing Company,

1995, 32: 293-327.

LOCAL J, WALKER G. Stance and affect in conversation: on the interplay of sequential and phonetic resources [J]. Text & talk, 2008, 28 (6): 723-747.

LOSEKE D R. Examining emotion as discourse: emotion codes and presidential speeches justifying war [J]. The Sociological quarterly, 2009, 50 (3): 497-524.

LYONS J. Semantics [M]. Cambridge: Cambridge University Press, 1977.

LYONS J. Linguistic Semantics: an introduction [M]. Cambridge: Cambridge University Press, 1995.

MACAGNO F. Strategies of character attack [J]. Argumentation, 2013, 27 (4): 369-401.

MACKEN-HORARIK M. APPRAISAL and the special instructiveness of narrative [J]. Text (special issue), 2003, 23 (2): 285-312.

MAEMURA Y. Humor and laughter in Japanese groups: the kuuki of negotiations [J]. Humor-international journal of humor research, 2014, 27 (1): 103-11.

MARTIN J R. English text: system and structure [M]. Amsterdam: John Benjamins Publishing Company, 1992.

MARTIN J R. Beyond exchange: appraisal systems in English [G] // HUNSTON S, THOMPSON G. Evaluation in text: authorial stance and the construction of discourse. Oxford: Oxford University Press, 2000a: 142-75.

MARTIN J R. Factoring out exchange: types of structure [G] // COULTHARD M. Working with dialogue. Tubingen: Niemeyer, 2000b.

MARTIN J R. Sense and sensibility: texturing evaluation [G] // FOLEY J. Language, education and discourse: functional approaches. New York: Continuum, 2004: 270-304.

MARTIN J R. Semantic variation – modelling realisation, instantiation and individuation in social semiosis [G] // BEDNAREK M, MARTIN J R. New discourse on language. London: Continuum, 2010: 1-34.

MARTIN J R, ROSE D. Working with discourse: meaning beyond the clause [M]. London: Continuum, 2003.

MARTIN J R, WHITE P R R. The language of evaluation: appraisal in English [M]. London: Continuum, 2005.

MATSUMOTO D, HWANG H C. The language of political aggression [J]. Journal of language and social psychology, 2013, 32 (3): 335-348.

MATTHIESSEN C M I M, SLADE D. Analysing conversation [G] // WODAK R, JOHNSTONE B, KERSWILL P E. The sage handbook of sociolinguistics. London:

SAGE Publications Limited, 2010: 375-395.

MATTHIESSEN C M I M, TERUYA M K, LAM M. Key Terms in systemic functional linguistics [M]. London: Continuum, 2010.

MIN H-J, PARK J C. Analysis of indirect uses of interrogative sentences carrying anger [EB]. 2007 [2015-03-04]. http://anthology.aclweb.org.

MULLIGAN K. Mind, meaning, and metaphysics: the philosophy and theory of language of Anton Marty [M]. Dordrecht: Kluwer Academic Publishers, 1990.

NOWLIS V, NOWLIS H H. The description and analysis of mood [C]. Annals of the New York Academy of sciences, 1956, 65 (4): 345-355.

OSGOOD C H, SUCI G C, TANNENBAUM P H. The measurement of meaning [M]. Urbana: University of Illinois Press, 1957.

PAVLENKO A. Emotion and emotion-laden words in the bilingual lexicon [J]. Bilingualism: Language and cognition, 2008, 11 (2): 147-164.

PENG XUANWEI. Appraisal textuality in discourse: a case observation from the "motivation" perspective [C] // HUANG GUOWEN. Studies in functional linguistics and discourse analysis (vol. I.) Beijing: Higher Education Press, 2009: 89-99.

PENG XUANWEI. Appraisal textuality in discourse: A case observation from the "foregrounding" perspective [C] // GUOWEN HUANG. Studies in functional linguistics and discourse analysis (vol. II). Beijing: Higher Education Press, 2010: 77-98.

POUNDS G. Attitude and subjectivity in Italian and British hard-news reporting: the construction of a culture-specific 'reporter' voice [J]. Discourse studies, 2010, 12 (1): 106-137.

POUNDS G. "This property offers much character and charm": evaluation in the discourse of online property advertising [J]. Text & talk, 2011, 31 (2): 195-220.

PRECHT K. Great vs. lovely: stance differences in American and British English [J]. Language and computers, 2003, 46 (1): 133-151.

PUDLINSKI C. Doing empathy and sympathy: caring responses to troubles telling on a peer support line [J]. Discourse studies, 2005, 7: 267-288.

SELTING M. Affectivity in conversational storytelling: an analysis of displays of anger or indignation in complaint stories [J]. Journal of pragmatics, 2010, 20 (2): 229-277.

SELTING M. Complaint stories and subsequent complaint stories with affect displays [J]. Journal of pragmatics, 2012, 44 (4): 387-415.

SHAVER P, SCHWARTZ J, KIRSON D, O'CONNOR C. Emotion knowledge: further exploration of a prototype approach [J]. Journal of personality and social psychology, 1987, 52 (6): 1061-1086.

SINCLAIR J M. Planes of discourse [G] // S. N. A. Rizvi. The two-fold voice: essays in honour of Ramesh Mohan. Salzburg: University of Salzburg, 1981: 70-89.

SINCLAIR J M. Trust the text: language, corpus and discourse [M]. London: Routledge, 2004.

SINCLAIR J M, COULTHARD M. Towards an analysis of discourse: the English used by teachers and pupils [M]. Oxford: Oxford University Press, 1975.

TANG Y J, CHEN H-H. Mining sentiment words from microblogs for predicting writer-reader emotion transition [C] // LREC. 2012: 1226-1229.

THETELA P. Evaluated entities and parameters of value in academic research articles [J]. English for specific purpose, 1997, 16 (2): 101-118.

THOMPSON G, HUNSTON S. Evaluation: an introduction [G] // HUNSTON S, THOMPSON G. Evaluation in text: authorial stance and the construction of discourse. Oxford: Oxford University Press, 2000.

VENTOLA E. The structure of social interaction: a systemic approach to the semiotics of service encounters [M]. London: Pinter Pub Ltd, 1987.

WHITE P RR. Attitude/affect [EB/OL]. 2001a [2014-03-04]. http://www.grammatics.com/appraisal.

WHITE P R R. Attitude/appreciation [EB/OL]. 2001b [2014-02-04]. http://www.grammatics.com/appraisal.

WHITE P R R. An introduction tour through appraisal theory [EB/OL]. 2001c [2014-03-04]. http://www.grammatics.com/appraisal.

WHITE P R R. Praising and blaming, applauding, and disparaging – solidarity, audience positioning, and the linguistics of evaluative disposition [G] // ANTOS G, VENTOLA E. Handbook of interpersonal communication. New York: Mouton de Gruyter, 2008: 567-591.

WIERZBICKA A. Semantics, culture, and cognition. New York, Oxford: Oxford University Press, 1992.

WILCE J M. Language and emotion [M]. Cambridge: Cambridge University Press, 2009.

ZAPPAVIGNA M. Ambient affiliation: a linguistic perspective on twitter [J]. New media & society, 2011, 13 (5), 788-806.

陈化标. 略谈文言动词表达情感的功能 [J]. 语文学刊, 2005 (2): 92-94.

邓川林. "总"和"老"的主观性研究 [J]. 汉语学习, 2010 (2): 66-70.

樊中元, 蒋华. 近代汉语中的"你那X" [J]. 古汉语研究, 2010 (2): 42-49, 95.

高增霞. 汉语担心-认识情态词"怕""看""别"的语法化 [J]. 中国社会科学院研究生院学报, 2003 (1): 97-102, 112.

何静秋. 中美法庭论辩诉求策略的对比修辞研究 [J]. 广西民族大学学报 (哲学社会科学版), 2012 (5): 168-172.

何晓勤. 演讲·劝说·诉诸·语篇 [J]. 外语与外语教学, 2004 (11): 7-9.

侯召溪. 汉语警告言语行为分析 [J]. 湖北社会科学, 2007 (2): 105-107.

胡壮麟. 系统功能语言学概论 [M]. 北京: 北京大学出版社, 2005.

姜望琪. 语篇语言学研究 [M]. 北京: 北京大学出版社, 2011.

孔兰若. 现代汉语情感形容词研究 [J]. 现代语文 (语言研究版), 2013 (4): 57-59.

李杰. 试说补充"同一项目"的"还"字复句 [J]. 南京师大学报 (社会科学版), 2004 (2): 134-138.

李杰. 现代汉语语气副词状语的祈使和感叹功能 [J]. 宁夏大学学报 (人文社会科学版), 2005 (4): 57-60.

李军. 道歉行为的话语模式与语用特点分析 [J]. 语言教学与研究, 2007 (1): 11-19.

李战子. 从语气、评价到情态 [J]. 外语研究, 2005 (6): 14-19.

利奇·杰弗里. 语义学 [M]. 李瑞华, 王彤福, 杨自检, 穆国豪, 译. 上海: 上海外语教育出版社, 1985.

刘丞. 由反问句到话语标记: 话语标记的一个来源——以"谁说不是"为例 [J]. 汉语学习, 2013 (5): 105-112.

刘世生, 刘立华. 突破疆界: 评价理论视角下的话语分析 [G] //刘立华. 评价理论研究. 北京: 外语教学与研究出版社, 2010: 29-44.

刘世铸. 态度的结构潜势 [D]. 济南: 山东大学, 2006.

刘世铸. 基于语料库的情感评价意义构型研究 [J]. 外语教学, 2009 (2): 22-25.

刘世铸, 张征. 评判的结构潜势与语义构型 [J]. 中国外语, 2011 (1): 22-27, 50.

刘悦明. 现代汉语量词的评价意义分析 [J]. 外语学刊, 2011 (2): 62-67.

卢莹. 情感形容词研究 [D]. 天津: 天津师范大学, 2002.

马丁·詹姆士, 王振华. 实现化、实例化和个性化——系统功能语言学的三种层次关系 [J]. 上海交通大学学报 (哲学社会科学版), 2008 (5): 73-81.

彭宣维. 隐含作者、叙述者和叙述对象——从图形—背景关系看文学话语中的三类评价者 [C] //黄国文. 功能语言学与语篇分析研究（第4辑）. 北京：高等教育出版社，2012：404-431.

龙日金，彭宣维. 现代汉语及物性研究 [M]. 北京：北京大学出版社：2012.

慎和范. 论一般演讲稿语言基本特征 [J]. 汉语学习，1986（2）：41-45.

宋成方. 情感意义的多维度研究——基于对汉语常用情感词实证分析的考察 [D]. 北京：清华大学，2012.

宋成方. "评价理论"回顾与展望 [G] //刘立华. 评价理论研究. 北京：外语教学与研究，2010：202-221.

宋成方. 评价理论的社会主体间性模式及其特征 [G] //刘立华. 评价理论研究. 北京：外语教学与研究，2010：29-44.

宛新政. "（N）不V"祈使句的柔劝功能 [J]. 世界汉语教学，2008（3）：16-27，12.

王振华. 评价系统及其运作——系统功能语言学的新发展 [J]. 外国语（上海外国语大学学报），2001（6）：13-20.

王振华. "硬新闻"的态度研究——"评价系统"应用研究之二 [J]. 外语教学，2004（5）：31-36.

王振华. 语篇语义的研究路径——一个范式、两个脉络、三种功能、四种语义、五个视角 [J]. 中国外语，2009（6）：26-38.

王振华，马玉蕾. 评价理论：魅力与困惑 [J]. 外语教学 2007（3）：19-23.

温锁林. 现代汉语的申辩口气——兼论语气副词的研究方法 [J]. 语言研究，2010（1）：30-38.

吴长安. "爱咋咋地"的构式特点 [J]. 汉语学习，2007（6）：31-34.

亚里士多德. 修辞术·亚历山大修辞学·论诗 [M]. 颜一、崔延强（译）. 北京：中国人民大学出版社，2003.

尹群. 汉语詈语的文化蕴含 [J]. 汉语学习，1996（2）：37-40.

俞玮琦. 现代汉语"一+量+情感形容词"结构研究 [D]. 上海：华东师范大学，2012.

袁毓林. 现代汉语名词的配价研究 [J]. 中国社会科学，1992（3）：205-223.

张斌. 现代汉语描写语法 [M]. 北京：商务印书馆，2010.

张德禄，刘世铸. 形式与意义的范畴化——兼评《评价语言——英语的评价系统》[J]. 外语教学与研究，2006（6）：423-427，479.

张德明. 谈"指人呼告"和"拟人呼告"[J]. 汉语学习，1995（1）：28-29.

张克定. 主位化评述结构及其评价功能 [J]. 外语教学，2007，50：14-17.

张鋆. 评价的说服机制探析——以商务英语信函为例 [J]. 外语教学，2013

(4): 20-26.

赵春利. 情感形容词与名词同现的原则 [J]. 中国语文, 2007 (2): 125-132, 191.

赵春利. 情感形容词与"得"字补语同现的原则 [J], 语言教学与研究, 2012 (4): 97-104.

赵春利, 石定栩. 状位情感形容词与述位动词结构同现的原则 [J]. 汉语学习, 2011 (1): 12-21.

赵亚琼. 基于利奇七种意义理论的"做、干"词义比较 [J]. 现代语文 (语言研究版), 2013 (3): 67-68.

赵永青等. 基于评价系统的 EFL 演讲者话语身份构建研究 [J]. 外语教学, 2012 (2): 22-26.

朱永生. 语境动态研究 [M]. 北京: 北京大学出版社, 2005.

附录1 各类互动性评价范畴所对应的典型的人际功能、情感词以及配置方式

范畴	价值	功能类别	效价	典型情感词	共鸣类型	模型关系	实例
情感	正面	安慰(2)	积极	爱、高兴、不怕、快乐	体验者	建构	小霞！高兴起来，欢乐起来！
		道歉(2)	消极	担心、生气、害怕、痛苦	体验者	消解	你妈这儿，有我挡在里面，你不要担心……
			消极	生气	体验者	消解	求求你不要误会我，不要这么生气！
	负面	安慰(1)	消极	委屈、生气、痛苦、担心、害怕	体验者	建构	两个丫头，又受委屈了！
		安慰(2)	积极	爱、感动	行为	建构	爸爸妈妈以前爱你，现在还是爱你，以后一样爱你！
			消极	恨、生气	触发物	消解	我从没有恨过爱我，如峰，我从没有！
		要求	积极	爱	体验者	建构	真的爱我，就请保护我！
			积极	感动、高兴、爱、快乐	触发物	建构	明天由母亲带你们进宫给各佛各请安吧，让老人家高兴高兴。
			消极	恨、痛苦、委屈、讨厌、害怕、担心、生气	触发物	消解	为什么你要让我这么痛苦呢？
判断	正面	赞赏	积极	快乐、不怕	体验者	建构	她们一点都不怕，好勇敢！
			积极	感动、高兴、爱、快乐	触发物	建构	朕打心眼里替你高兴
			消极	生气	体验者	建构	你不生气，你对每个人都好。
			消极	担心	触发物	消解	我不必再为你担心了！
	负面	道歉(1)	积极	高兴	行为	消解	我让你不高兴了。
			消极	恨、抱歉、担心、生气、委屈、痛苦、恨	体验者	建构	对不起，我总是惹你生气
		拒绝	积极	感动	体验者	消解	随你怎么说，我不会为你们感动的
			积极	高兴、快乐	触发物	消解	哥哥，你真认为一条新的生命会高兴自己的降生吗？
			积极	爱	行为	失调	雁如，我爱你！（不能离婚）

续表

范畴	价值	功能类型	效价	典型情感词	共鸣类型	模型关系	实例
判断	负面	拒绝	消极	恨,痛苦,委屈,讨厌,害怕,担心,抱歉	触发物	建构	这样做,紫薇会痛苦。
		批评	积极	爱,快乐	体验者	消解	皇后娘娘那么好,可你仍然不喜欢她,不爱她!
			积极	爱,不怕,高兴	体验者	失调	你怎可以去爱一个凶手?
			积极	快乐	触发物	消解	如果你以前多爱她一些,她不是能快乐幸福很多吗?
			积极	爱,生气	行为	失调	为什么,你不是爱阿超吗?
			消极	恨,生气,痛苦,委屈,讨厌,痛心	体验者	失调	动不动就生气的男人是最最讨厌的男人!
		阻止	积极	担心,高兴	触发物	建构	紫薇,你存心要让我担心害怕,是不是?
			积极	高兴,快乐	触发物	消解	假如你不参加,小燕子会变瘦呀!
			积极	不怕,快乐	行为	失调	会高兴得太高兴哟!
			积极	爱,感动,高兴	行为	失调	别说我走就是和我生气!
			消极	生气	体验者	建构	你走就是和我生气!
		警示	积极	痛苦,生气,讨厌,恨,抱歉,害怕,担心	触发物	建构	你使我非常非常担心
			积极	生气	行为	失调	我都不生气,你还气什么?
鉴赏	负面		积极	不怕	触发物	建构	你不怕隔墙有耳吗?
			消极	担心,害怕,	触发物	建构	我担心你父亲并不希望我们结合。

注:范畴=互动层评价范畴

价值=价值期盼

效价=情感词的效价

建构=模型关系建构

消解=模型关系消解

失调=模型成分失调

附录2　情感词表及情感词的分类

宋成方提出的情感词表以及情感词分类（宋成方，2012：73）

1	惭愧、羞愧、羞耻、羞涩、懊悔、懊恼、羞惭、羞怯、害羞、懊丧
2	哀伤、哀怨、哀痛
3	爱、喜欢、喜爱、羡慕、心疼、迷恋、爱慕、疼爱、着迷、深情、乐意、动情(1)①好感、中意、爱惜
4	伤心、悲哀、悲伤、忧伤、伤感、悲愤、感伤、惆怅、伤悲、伤害
5	不满、不平
6	崇拜、敬佩、敬畏、敬仰、仰慕、景仰、服从、服气、佩服、钦佩、信服
7	担心、忧虑、担忧
8	高兴、兴奋、愉快、兴致勃勃、亢奋、振奋
9	害怕、恐惧、顾虑、恐慌、慌张、顾忌、胆怯
10	激动、激情、热情、动情（2）②
11	嫉妒、妒忌、忌妒、妒意
12	焦急、不耐烦、焦虑、烦躁、焦躁、焦心
13	惊讶、吃惊、惊奇、惊异、惊恐、诧异
14	窘迫、难堪
15	失望、绝望、沮丧
16	难过、委屈、心酸、不快
17	抱歉、内疚、歉意、歉疚、负疚
18	情绪高涨、激奋、激昂
19	生气、愤怒、气愤、愤慨、
20	讨厌、厌恶、厌烦、恶感、反感
21	痛苦、悲痛、痛心、沉痛
22	自豪、骄傲、豪情、无愧
23	想念、怀念、思念、（否定）忘怀、留恋、牵挂、惦记、挂念、惦念、恋恋不舍、挂心、挂怀、难割难舍、难忘、依恋
24	恨、仇恨、怨恨、憎恨、痛恨、悔恨
25	烦恼、苦恼、气恼、烦扰、烦心、糟心、闹心、纠结
26	苦闷、烦闷、愁闷、郁闷

---

① "动情(1)"体现爱慕的情感意义。
② "动情(2)"体现激动的情感意义。

续表

27	快乐、欢乐、喜悦、欢喜、开心、欣喜、欢悦
28	同情、遗憾、怜悯、惋惜、怜惜、恻隐、可怜
29	忧愁、愁苦、忧烦、愁绪、离愁别绪
30	满意、得意、称心
31	感激
32	低落
33	感动；打动
34	庆幸
35	欣慰
36	无奈
37	失落
38	不怕、不畏
39	自卑

附录3 各类情感词在自建言情小说语料库中的检索情况

代表词语	各类情感词及其词频
懊恼	惭愧20、羞愧0、羞耻24、羞涩0、懊悔16、懊恼21、羞惭0、羞怯3、害羞37、懊丧1
哀伤	哀伤7、哀怨0、哀痛0
爱、喜欢	爱3610、喜欢1423、喜爱42、羡慕51、心疼17、迷恋11、爱慕6、疼爱21、着迷10、深情25、乐意8、动情(1)①2、好感16、中意5、爱惜20
伤心	伤心286、悲哀114、悲伤14、忧伤5、伤感15、悲愤7、感伤8、惆怅7、伤悲0、伤害347
不满	不满23、不平28
崇拜	崇拜113、敬佩6、敬畏4、敬仰4、仰慕3、景仰0、服从11、服气36、佩服52、钦佩2、信服2
担心	担心293、忧虑5、担忧11
高兴	高兴428、兴奋43、愉快67、兴致勃勃3、亢奋0、振奋1
害怕	害怕209、恐惧42、顾虑57、恐慌4、慌张8、顾忌26、胆怯3
激动	激动93、激情3、热情147、动情(2)②2
嫉妒	嫉妒89、妒忌2、忌妒0、妒意0
不耐烦	焦急8、不耐烦28、焦虑1、烦躁13、焦躁0、焦心0
惊奇、诧异	惊讶6、吃惊12、惊奇28、惊异2、惊恐3、诧异7
难堪	窘迫0、难堪38
失望	失望94、绝望72、沮丧10
委屈	难过120、委屈176、心酸5、不快4
抱歉	抱歉206、内疚8、歉意21、歉疚8、负疚5
激昂	情绪高涨0、激奋0、激昂3
生气	生气713、愤怒33、气愤2、愤慨0、
讨厌	讨厌178、厌恶8、厌烦14、恶感0、反感8
痛苦	痛苦454、悲痛13、痛心22、沉痛4
骄傲	自豪1、骄傲214、豪情6、无愧18
想念	想念43、怀念40、思念35、(否定)忘怀14、留恋19、牵挂32、惦记12、挂念3、惦念0、恋恋不舍0、挂心0、挂怀0、难割难舍0、难忘23、依恋6
恨	恨753、仇恨84、怨恨11、憎恨0、痛恨19、悔恨11

① "动情(1)"体现爱慕的情感意义。
② "动情(2)"体现激动的情感意义。

续表

烦恼	烦恼163、苦恼40、气恼3、烦扰7、烦心14、糟心0、闹心0、纠结0
苦闷	苦闷20、烦闷2、愁闷0、郁闷2
快乐	快乐570、欢乐89、喜悦38、欢喜48、开心178、欣喜4、欢悦1
可怜	同情112、遗憾49、怜悯24、惋惜11、怜惜30、恻隐7、可怜296
忧愁	忧愁38、愁苦4、忧烦0、愁绪2、离愁别绪0
满意	满意162、得意72、称心6
感激	感激117
低落	低落5
感动	感动177、打动24
庆幸	庆幸15
欣慰	欣慰4
无奈	无奈52
失落	失落18
不怕	不怕167、不畏2
自卑	自卑74

致　　谢

本书基于作者2015年在北京师范大学外文学院的毕业论文撰写而成。在本书即将出版的时刻我要向给予我帮助的师长、同学和亲人致以最真诚的感谢。

首先，我要感谢我的导师程晓堂教授。是程老师将我引入北师大这个学术殿堂，让我有机会亲身体会学术的魅力。程老师具有敏锐的学术眼光，善于从论文选题、研究方法、论文结构等方面发现问题。他经常一针见血地指出我论文中存在的不足。这些指导促使我不断地反思，学习站在读者的角度来审视自己的研究。程老师经常利用个人的休息时间为学生批改论文。他给我反馈电子邮件的时间经常是在深夜，很多时候还是在春节、劳动节等法定假日。每当看到这些邮件的时候，我心里就有说不出的感激。程老师主张学术作品应该清晰、严谨、有逻辑性，作者要对自己写出的每一个字负责。这些要求不但对博士学习期间是重要的，而且对所有严肃的学术研究都是不可或缺的。程老师是一个工作效率极高的人，师母说那是因为他无论何时何地都能够迅速地进入工作状态。这一点让我们这些学生钦佩不已，也是我们将要终生学习的一个目标。

感谢彭宣维教授在我读博期间给予我的帮助。在读博期间，我旁听了彭老师讲授的系统功能语法以及评价系统的相关课程。彭老师的敬业精神让人感动。还记得在讲授系统功能语法的时候，他每周都会利用业余时间组织同学们进行讨论。对同学们提出的问题，他总是耐心地予以解答。讨论与学习并重的教学方法，让同学们更加深刻地领会了系统功能语言学的内涵，为日后的研究打下坚实的基础。在撰写毕业论文的期间，我曾多次请教彭老师，彭老师的回答总是入木三分。尤其在我困惑的时候，彭老师的指点常常给人拨云见日之感。

感谢苗兴伟教授对我的指导。读博期间我聆听了苗老师的语义学和普通语言学两门课程。苗老师对理论的讲解深入浅出，他的课堂话语也风趣幽默，深受同学们的欢迎。在本书写作的不同阶段，我多次请教苗老师。苗老师无论多么繁忙总是耐心地倾听我粗浅的想法，然后再提出深刻的建议，他的建议常常点石成金。

感谢于晖教授和王德亮博士。他们是外文学院两位年轻有为的学者。他们虽然与我年龄相仿却有着深厚的学术功底。每次向他们请教他们总是热情地提出很多宝贵建议。感谢孙迎晖教授给我的鼓励以及在开题和预答辩的时候对我的中肯建议。我还要感谢北京交通大学的许宏晨博士、清华大学的宋成方博士，他们在我论文的写作期间也给以我不少建议和启发。

感谢3位外审专家为本书提出了进一步修改的宝贵建议。外审专家的每一句肯定的话语，都使我倍受鼓励，每一点建议都启发我进行更客观、深刻的反思。

在毕业论文的写作过程中，我得到了很多同学的启发和鼓励。他们是王璐、岳颖、付晓丽、何中清、张鸣瑾、张冉冉、刘玉洁、但巍、国红延、鞠志勤、张树堂。王璐、岳颖和付晓丽是我的同门师姐。她们在我最困惑、迷茫的时候给我指点迷津。与何中清、张冉冉、刘玉洁、鞠志勤和张树堂同学的讨论让我对系统功能语言学和评价系统有了更为深刻的认识。但巍和国红延同学与我一同在图书馆度过了无数个艰苦奋斗的日子，大家互相鼓励、并肩前行的日子让我永远不能忘怀。我还要感谢北京大学的李寒冰同学。寒冰是我从大学起的好朋友，她为人善良、学习勤奋。在与她的交流和讨论中，我获得了不少的启发。

我要特别感谢我的家人：我的父亲、母亲、爱人和女儿。为了帮助我圆这个求学之梦，他们放弃了原本安定舒适的生活。4年来，他们陪伴我蜗居在租来的陋居里。父母的老年生活多了许多操劳，爱人独自承担了生活的重担，孩子的童年平添了许多飘摇……（此处省略一百字）。

读博是学者人生当中的一个巨大挑战，在这个过程中汗水与泪水交融，辛酸与幸福同在。每每遭遇山穷水尽的时候，是亲人、师长和同学的鼓励让我有勇气在这条路上继续前行。"路漫漫，其修远兮，吾将上下而求索"，我的小学班主任将这段话写成字帖赠与我。没想到，他的鼓励成为我日后求学生活的写照。

最后我还要感谢北京理工大学出版社给我这个机会出版这部学术专著，希望借助这个平台与更多的学者交流，共同进步。

博士毕业至今，六载时光匆匆而过。我对人生、对学术都有了更为深刻的认识和感悟。当年的毕业论文尽管有很多瑕疵，但它就像是一颗种子，寄托了师长、亲人、朋友以及我自己的美好期望和祝福。它必须坚定且健康地成长！真诚感谢所有帮助过我的人，你们是我人生中的一盏盏明灯，给我光明，让我温暖！